Theodor Fontane

Das ist das höchste Glück

Theodor Fontane

Das ist das höchste Glück

Gedichte und Balladen

Herausgegeben von Hans-Joachim Simm

marixverlag

Bibliografische Information der Deutschen Nationalbibliothek
Die Deutsche Nationalbibliothek verzeichnet diese Publikation in der
Deutschen Nationalbibliografie; detaillierte bibliografische Daten sind
im Internet über
http://dnb.d-nb.de abrufbar.

© by marixverlag GmbH, Wiesbaden 2014
Covergestaltung: Nicole Ehlers, marixverlag GmbH
Bildnachweis: Katze hinter einem Baum,
Gemälde von Franz Marc, 1910
gettyimages, München
Satz und Bearbeitung: SATZstudio Josef Pieper, Bedburg-Hau
Der Titel wurde in der Adobe Garamond Pro gesetzt.
Gesamtherstellung: CPI books GmbH, Ulm
Printed in Germany

ISBN: 978-3-86539-362-3

www.marixverlag.de

Inhalt

Inhalt

Inhalt

Gedichte, Lieder und Sprüche

Ein Lied oder höchstens ein paar
Widmet ich dir, als jung ich war.
Ihr Inhalt waren ich und du,
Vom Fenster her sandtest du Grüße mir zu.

Heute, mit Inhalt aus allen Zonen,
Komm ich in Fähnlein, in ganzen Schwadronen,
Aus wenigen wurden viele Lieder,
Aber, wie damals, grüße wieder.

1887/89

Die lieben Sterne

Auf des Hauses niedrer Schwelle
Saß ich, Wehmut in der Brust,
Sah hinauf zur Sternenhelle, –
Da ergriff mit banger Lust
Sehnsucht mich nach jenen Sternen,
Die, im mildverklärten Schein,
Hoch aus weiten Himmelsfernen
Unsrem Herzen Trost verleihn.

Aber ach, trotz alles Strebens
Nach dem ew'gen Himmelszelt,
War mein Sehnen doch vergebens,
Denn ich blieb der Erdenwelt.
Soll mir nie der Zutritt werden,
Rief ich nun gar traurig aus,
Oh, so schickt herab auf Erden
Einen Stern aus eurem Haus.

Und die lieben, guten Sterne
Haben mich nicht ausgelacht,
Haben trotz der weiten Ferne
Ihres armen Freunds gedacht.
Denn sie weigerten die Bitte
Mir, dem einst Verschmähten, nicht,
Und gesandt aus ihrer Mitte
Strahlt ein zwiefach Doppellicht.

Ach, es strahlt mir, voller Wahrheit;
Treue, Liebe; Glauben, Hoffen;
Meines Sternbilds Sonnenklarheit
Hat wie Zauber mich getroffen.
Teures Bild, verweile lange,
Fern vom heimatlichen Zelt,
Leuchte mir noch auf dem Gange,
Der mich führt in deine Welt.

1837

Der Bach und der Mond
(An Minna)

Es floß ein Bach durch Waldesgrün,
War lauter, klar und rein,
Viel Blümchen an dem Bache blühn
Und alle nett und fein.

Doch tut er stets, als säh er nicht
Die Blümchen um ihn her,
Des lieben Mondes Angesicht
Gefiel dem Bache mehr.

Er hat es gleich ans Herz gedrückt
Und zärtlich es geküßt,
Wenn's nur auf ihn herabgeblickt
Und freundlich ihn gegrüßt.

Doch plötzlich raubt ein Wolkenschwarm
Dem Bach des Mondes Bild,
Da tobt er voller Schmerz und Harm
Durchs nächtige Gefild.

Das Leben dünkt ihn kein Genuß,
Nur einzig Qual und Not,
Und voller Lebensüberdruß
Erfleht er schon den Tod; –

Da, dank dem Ew'gen, bricht hervor
Der Mond gar hell und klar; –
Was alles auch der Bach verlor,
Jetzt droht ihm nicht Gefahr.

Jetzt, wo des Mondes Silberglanz
Sich spiegelt in der Flut,
Ist er der alte wieder ganz,
Dem Leben wieder gut.

1837

Todesahnung

Einsam wandre ich bei Nacht,
Höre Trauermelodieen
Durch die Eichengipfel ziehen,
Sanft vom Winde angefacht.

Weh, die düstren Klagelieder
Dringen tief zu meinem Herzen,
Wecken mir die alten Schmerzen
Und die alten Klagen wieder.

Winde wehet! Winde weht!
Alte Eichen klaget, klaget! –
Bald, mein Herz, drum unverzaget,
All dein Leid zu Grabe geht.

1837

Die schönste Melodie

Wehmutsvolle Lieder klingen
Durch die sternerhellte Nacht,
Schmerzen, die mein Herz umschlingen,
Halten einsam bei mir Wacht.

Und der Töne leise Schwingen
Tragen ein geliebtes Bild;
Ach, wie sie zum Herzen dringen,
Wie ergreift's mich seligmild!

Ja, die Hände muß ich falten
Bei der schönen Melodei,
Von den finstern Schreckgestalten
Bin ich betend endlich frei.

Sind die Lieder auch verklungen,
Sind die Töne auch verhallt, –
Tief, ach tief ins Herz gedrungen
Ist die liebliche Gestalt.

In dem unermeßnen Reiche
Wirkt sie ew'ge Harmonie,
Und die teure Liebesreiche
Singt die schönste Melodie.

1838

Das Wasserröslein

Auf weichem Moos gebettet
Lag ich am Uferrand,
Wo schön und wunderprächtig
Ein Wasserröslein stand.

Es guckte mit dem Köpfchen
Neugierig aus der Flut,
Und nickte mir so freundlich,
Als spräch's: „Ich bin dir gut."

Der Abend sank hernieder,
Die Erde ging zur Ruh,
Und ich, im Schaun versunken,
Schloß auch die Augen zu.

Da regt sich's in den Lüften,
Da tönt es in dem See,
Und sieh – mein Wasserröslein
Ward eine Wasserfee.

Die neigt sich zu mir nieder
Und blickt mich zärtlich an,
Und preßt die schönen Glieder
Verlockend an mich an.

Der Augen heiße Gluten,
Erfüllt von Sehnsuchtsschmerz,
Verwirren mir die Sinne,
Durchzittern mir das Herz.

Der Locken goldne Fülle
Schlingt sie um meinen Leib,
Und spricht so süße Worte,
Das wunderschöne Weib.

Da zieht's mich in die Wogen,
Sie küßt und herzt und lacht,
Doch, kaum hinabgezogen,
Bin plötzlich ich erwacht.

Der Sonne erste Strahlen
Vergolden Tal und Höh;
Verschwunden ist die Nixe,
Die schöne Wasserfee.

Ich seh das Röslein wieder,
Benetzt vom Wellenschaum; –
„Wo bist du, schöne Nixe!
War alles nur ein Traum?!"

1838

Die Christnacht

I.

Auf dem weißgedeckten Tische
Prangt der grüne Weihnachtsbaum,
Trägt im buntesten Gemische
Kerzen, Gold- und Silberschaum.

Vor dem Tische steht ein Knabe,
Blickt die Schätze hastig an,
Ob vielleicht die Weihnachtsgabe
Ihm das Herz erfreuen kann.

Aber nichts will ihm gefallen,
Selbst das Schönste dünkt ihm Tand,
Und er weint, weil an dem allen
Nicht sein Herz Befried'gung fand.

„Mutter, einzig gute Mutter,
Sieh mich nicht so traurig an;
Will ja länger nicht mehr weinen,
Hat es dir doch weh getan!

Ach, du fragst: ‚Woher die Tränen?‘ –
Alles, alles, was mich quält,
Ist, daß mich ein heißes Sehnen
Nach – ich weiß nicht was – beseelt."

II.

Auf der weißbeschneiten Erde
Steht an eines Friedhofs Saum
Eine Fichte, wunderprächtig,
Wie ein ries'ger Weihnachtsbaum.

Tausend helle Kerzen flimmern
Über ihm am Himmelsraum,
Und des blassen Mondes Schimmern
Ist des Christbaums Silberschaum.

Vor der Fichte, – auf dem Grabe
Seiner Braut, das sie bewacht –
Kniet nach manchem Jahr der Knabe,
Wieder, in der Christusnacht.

„Gott der Liebe! – hier am Grabe
Hast du endlich dich bewährt,
Hast als schönste Weihnachtsgabe
Endlich Tränen mir beschert.

Mir, dem du so viel genommen,
Dem ja alles, alles fehlt,
Daß ihn, wenn die Tränen kommen,
Heißer Dank für dich beseelt."

1839

17

Prophezeiung

Ich starre auf die Hieroglyphen
Am sternbesäten Firmament,
Und forsche, meinen Geist zu prüfen,
Ob er der Rätsel Lösung kennt.

Es muß in jenen ew'gen Reichen
Der Schlüssel unsrer Zukunft sein,
Es muß auch mir ein Himmelszeichen
Mein künftig Schicksal prophezein.

Und kaum betracht ich mit Entzücken
Des Himmelsdomes Bilderzier,
Muß ich ein *Sternenkreuz* erblicken
Hoch im Zenite über mir.

Wird mich das Kreuz des Glaubens schmücken?
Es wäre eine süße Last! das Kreuz
Wird mich des Duldens drücken?
Die Seele ahnt und fürchtet fast!

1840

Epheu und Alpenrose

Unten an der Felsenmauer,
Über Steingeröll und Moos,
Schleicht der Epheu voller Trauer,
Hoffnungsgrün, doch hoffnungslos.

Auf des schroffen Berges Spitze,
Wo die Alpenrose blüht,
Dort hinauf zum Blumensitze
Liebend es den Epheu zieht.

Doch er schleicht an Bettlerkrücken,
Ist ein Kind der Dunkelheit,
Drum verrät er ihr in Blicken
Kaum sein Weh und Herzeleid.

Denn er ahnt nicht ihr Verlangen
Abwärts in die Felsenkluft,
Bis sie mit verschämten Wangen
Leis hinunter: „Epheu" ruft.

„Epheu, komm, gar süße Minne
Berg ich dir im Herzensschrein,
Klimm hinauf zur Felsenzinne,
Komm und laß uns glücklich sein.

Wird dein Arm mich erst umschlingen
Mit der Liebe Allgewalt,
Soll's den Winden nicht gelingen,
Mich zu küssen eisigkalt.

Und dem Felsen, meinem Vater,
Dessen Stirne mich gebar
(Um für immer uns zu trennen),
Wird die Macht der Liebe klar."

Epheu hört' es; wunderkräftig
Heilet jedes Wort sein Weh,
Und er rankt sich still geschäftig,
Fröhlich, selig in die Höh.

Stürzt der Fels ihm auch entgegen
Zürnend, donnernd sein Gestein,
Muß der Wind auch allerwegen
Erst im Kampf besieget sein;

Dennoch klimmt er mutig weiter,
Ihn umschwebt der Rose Bild,
Wie des Himmels Blau so heiter,
Wie ein Engel rein und mild.

Aber als er sie errungen,
War gebleicht ihr Wangenrot,
Und der Epheu hat umschlungen
Seine Alpenrose tot.

Hielt sie noch in seinen Armen,
Als er selbst schon eingeschneit,
Doch sie sollte nicht erwarmen
In der kalten Winterzeit.

Aber als des Frühlings Weben
Alle Schläfer aufgeschreckt,
Sind auch sie zu schönrem Leben
In der Liebe auferweckt.

1840

Glockenlieder

I.

Der Glocke feierliche Klänge
Ertönen mächtig durch die Luft,
Zur Kirche wallt die gläub'ge Menge,
Wie wenn sie Gottes Stimme ruft.

Der Turm erbebt, die Töne brausen
Wie Sturmwind in der Felsenkluft;
Jetzt möcht ich auf der Glocke sausen
In wildem Fluge durch die Luft;

Und tönt es dann – gewalt'ger klingend –
Gottpreisend aus der Glocke Mund,
Da glaubt ich, fester sie umschlingend,
Die eigne Seele gäb ich kund.

II.

Werden einst sie mich begraben,
Wird kein Auge trübe sein,
Kein Gefolge werd ich haben,
Selbst zum Grabe gehn allein.

Sei's! anstatt des Volkes Menge
Wählt ich mein Geleite schon,
Folgen werden Glockenklänge,
Schritt vor Schritt, mit ernstem Ton.

Nur die Glocke wird ertönen,
Trauern nur ihr Eisenherz;
Aber ihre Klänge höhnen,
Heucheln nie den wahren Schmerz.

Stürmen wird sie – mich zu ehren –,
Wenn ich schon zur Ruh gebracht,
Wie die Salve von Gewehren
Über Kriegergräber kracht;

Und ihr tiefer Kummer dauert
Ewig wie der Mutterschmerz;
Meine Glocke tönt und trauert,
Bis ihr bricht das Eisenherz.

1840

Meerfahrt

I.

Grabesstill die Wasserwüste,
Nur die Brandung gärt und kocht
Willenlos an ferner Küste,
Wie mein Herz im Busen pocht.

Wie mein Herz, das eine leere
Öde Wüste gleich der Flut,
Gleich dem todesstillen Meere
Lebt es nur bei Sturmeswut.

II.

Von den Welten, die versanken,
Von den Toten, die ertranken
In den Fluten – träumt die See;
Die Erinnrung weckt Gedanken
In ihr voller Schmerz und Weh. –

Welten, tief in mir versunken,
Läßt auch mich der Höllenfunken
Der Erinnrung wiedersehn,
Und Gedanken – todestrunken
Wild um Sturm und Windsbraut flehn.

III.

Meer, du heißt das ungetreue!
Nun so stürme, stürme laut,
Zeige, daß der Himmelsbläue
Deiner Flut ein Tor vertraut.

Seit die Sprache ihres blauen,
Schönen Auges mich belog,
Treue heuchelnd, um Vertrauen
Und um Liebe mich betrog; –

Muß ja deine Himmelsbläue
Nur der trügerische Schein,
Wie ihr Auge voller Treue
Nichts als eine Lüge sein.

IV.

Hei es stürmt! am Firmamente
Schwand der Sonne hehre Pracht,
Und zum Schöpfungselemente
Ward die Welt – zur Chaosnacht.

Jetzt ein Blitz! die Donner rollen,
Wie wenn Gott im Zorne spricht;
Als ob sie verkünden sollen
Schon der Welt das Weltgericht.

Und ich zittre; bleich und trübe
Steigt ein Toter aus der Flut,
Wie in mir die tote Liebe,
Die so tief, so tief geruht.

V.

Grabesstill die Wasserwüste,
Nur die Brandung gärt und kocht
Willenlos an ferner Küste –
Wie mein Herz im Busen pocht.

Leise weint der Himmel nieder
Auf das öde Wassergrab,
Heiße Tränen rinnen wieder
Von den Wangen mir herab.

Ach, der letzte Hoffnungsschimmer
Für mein Herz, – er ist nicht mehr,
An den kalten Busen nimmer
Preßt mich das erstorbne Meer.

1840

Schmerz

Wenn längst der Sonne Strahl verglühte,
Die Blumen all der Ruh genießen,
Dann sieht man noch die duft'ge Blüte
Der Nachtviole sich erschließen.

Und sank die Sonn im Westen nieder,
Muß Freud und Lust im Wald verklingen,
Dann hört man noch die Klagelieder
Der Nachtigall den Hain durchdringen.

Und seit die Sonne mir verglühte,
Seit ich der Nacht anheim gefallen,
Erschloß sich mir der Schmerz als Blüte
Und tönt aus meinen Liedern allen.

1840

Der Wegeweiser

Das Leben gleichet einer Reise,
Sylvester einem Meilenstein,
Was aber könnte dem Verirrten
Der Lebens-Wegeweiser sein?!

Da tönt vom fernen Turme leiser,
Melod'scher Glockenklang herab,
Vom Turm – dem ries'gen Wegeweiser, –
Der meiner Frage Antwort gab.

1840

Auf der Reise

Der Wagen rollt, das Posthorn tönt
In stille Nacht hinein,
Und rings das duft'ge Tal verschönt
Des Abendsternes Schein.

Und ob ich fahre kreuz und quer,
Und viele Meilen weit,
Der Stern zieht immer nebenher
Und gibt mir das Geleit. –

Auch als ich auf dem Lebenspfad
Zur Reise mich beschickt,
Erglänzte mir ein Stern, der hat
So traut mich angeblickt.

Doch als ich nun ins Leben schritt
Vertrauensvoll hinein,
Da ging der liebe Stern nicht mit,
Und ließ mich ziehn allein.

1840

Mein Herz

Der stolzen Sonne, heiß und glühend,
    Dem stillen Monde, trüb und bleich,
– Sehnsüchtig tausend Sterne sprühend –
    Mein Herz, mein Herz ist beiden gleich.

Dem Himmel, klar und rein und blauend
   Der Wolke – jetzt gewitterreich
Und jetzt in Tränen niedertauend, –
   Mein Herz, mein Herz ist beiden gleich.

Der Nachtigall voll frischer Lieder,
   Der Rose – blüten-dornenreich.
Dem Frühling und dem Winter wieder,
   Mein Herz, es ist dem allen gleich.

Nur einem gleicht es nicht auf Erden:
   Nie will in seinem kleinen Reich
Der langersehnte Friede werden,
   Drum ist es nie sich selber gleich.

1840

Ach, was frommt's!

Ach, was frommt's, daß sonder Fehle
Heut gen Himmel ich gestrebt,
Wenn nach kurzer Frist die Seele
Wiederum am Staube klebt.

Ach, was frommt's, daß in die Fernen
Heut der freie Geist enteilt,
Und so selig bei den Sternen
Wie in seiner Heimat weilt;

Ach, was frommt's! da kaum geläutert
Von der Himmelsliebe Kuß,
All sein bestes Wollen scheitert
An dem seichten Riff-Genuß.

Am Genuß, – wonach entflammten
Bluts der Körper jagt und ringt,
Und den Geist, den gottentstammten
Herrn, zu Sklavendiensten zwingt.

Am Genuß, der gleich dem Winde
Sich zu jeder Rose schleicht,
Und des Frühlings buntem Kinde,
Dem unsteten Falter, gleicht.

Am Genuß, den – gleich dem Blitze
Schnöde Selbstsucht nur beseelt,
Wenn herab vom Wolkensitze
Seine Glut – ein Opfer wählt.

1840 (?)

Stille Liebe

Des Hügels Rücken war erklommen,
Vor unsren Augen lag das Tal,
Darinnen alle Wipfel glommen
Im letzten Abendsonnenstrahl.

„Mach auf, ich bin's!" so klang das Klopfen
Der Quelle an des Hügels Saum;
„Wie lieb ich dich!" so sprach der Hopfen,
Umklammernd fest den Erlenbaum.

Und ach, beim Anblick all des Glückes,
Das vor uns die Natur entspann,
Sahn unsre Seelen langen Blickes
Im Spiegel sich der Augen an.

Sie fragte mich: „Woher die Träne,
Oh, Freund, an deinem Augenlid?"
Ich fragte sie: „Woher die Röte,
Die über deine Wange zieht?"

Sie sprach: „Es nimmt's mit einer Rose
Das Abendrot nicht so genau!"
Ich aber sprach: „Der Wind, der lose,
Weht heute nacht so scharf, so rauh!"

1840 (?)

In Leidenschaft

I.

Kühle, Schnee, mit deinen Flocken
Mir die fieberheiße Stirn;
Sturm, durchfege meine Locken,
Kühle, kühle mir das Hirn.

Doch als ob der Samum träfe
Mein erglühend Angesicht,
Pochen lauter nur die Schläfe,
Und der Schnee erquickt mich nicht.

Mädchen nein, eh deine Flammen
Nicht mit meines Herzens Glut
Schlagen himmelhoch zusammen,
Kühlt nicht Sturm, nicht Schnee mein Blut.

II.

Braute neue Liebestränke
Mir die ganze Hexenzunft?
Sünd ist alles, was ich denke,
Und entthront ist die Vernunft.

Was ich habe und umschlinge,
Ist kein Wecker meiner Lust,
Und was nimmer ich erringe,
Möcht ich pressen an die Brust.

Weinend, und mich selbst verfluchend,
Bin ich in den Wald geeilt,
Ruhe, süße Ruhe suchend,
Wo der Friede Gottes weilt.

Und der Himmel lacht und funkelt,
Klar ist Luft und Quell und Fluß;
Doch die Seele mein umdunkelt
Stetes Trachten nach Genuß.

Und verschlossen bleibt die Wonne
Mir, und Schönheit, der Natur,
Trübe blick ich in die Sonne,
Und gewahr die – Flecken nur.

III.

Soll ich tüchtig Wasser trinken
Und die hitz'gen Weine scheun?
Soll ich auf die Kniee sinken,
Weinen, beten und bereun?

Oder soll die Faust ich ballen
Und empörten Angesichts
Rufen: Oh, Natur – vor allen
Taugen unsre Bräuche nichts!

1840 (?)

Der Kranich

Rauh ging der Wind, der Regen troff,
  Schon war ich naß und kalt;
Ich macht auf einem Bauerhof
  Im Schutz des Zaunes halt.

Mit abgestutzten Flügeln schritt
  Ein Kranich drin umher,
Nur seine Sehnsucht trug ihn mit
  Den Brüdern übers Meer;

Mit seinen Brüdern, deren Zug
  Jetzt hoch in Lüften stockt,
Und deren Schrei auch ihn zum Flug
  In fernen Süden lockt.

Und sieh, er hat sich aufgerafft,
  Es gilt erneutes Glück;
Umsonst, der Schwinge fehlt die Kraft
  Und ach, er sinkt zurück.

Und Huhn und Hahn und Hühnchen auch
  Umgackern ihn voll Freud; –
Das ist so alter Hühner-Brauch
  Bei eines Kranichs Leid.

1841

Der erste Schnee

Herbstsonnenschein. Des Winters Näh
   Verrät ein Flockenpaar;
Es gleicht das erste Flöckchen Schnee
   Dem ersten weißen Haar.

Noch wird – wie wohl von lieber Hand
   Der erste Schnee dem Haupt –
So auch der erste Schnee dem Land
   Vom Sonnenstrahl geraubt.

Doch habet acht! mit einem Mal
   Ist Haupt und Erde weiß,
Und Liebeshand und Sonnenstrahl
   Sich nicht zu helfen weiß.

1841

Furcht und Hoffnung

Oft mahnt mich, wenn ich weit und breit
Die Wälder blühn und grünen seh,
Der Birken schneeigweißes Kleid
Gar schmerzlich an des Winters Weh. –

Doch wenn im Winter rauh und kalt
Die Stürme durch die Lande wehn,
Verheißt der grüne Tannenwald
Mir stets des Frühlings Wiedersehn.

So tritt inmitten Freud und Lust
Die bleiche Todesfurcht hinein,
So wird in Freud erstorbner Brust
Die Hoffnung nie begraben sein.

1841

31

Am Apfelbaum

Als noch im stillen Tale
Der Frühling weilte kaum,
Stand ich zum letzten Male
An diesem Apfelbaum.

Es flochten Blütenflocken
– Erschöpft vom Wirbeltanz, –
In ihren dunklen Locken
Geschäftig sich zum Kranz.

Der Winter ist gekommen,
Und nahm nach altem Brauch,
Und was er mir genommen,
Erweckt kein Frühlingshauch.

Auch heut ich's von den Zweigen
Wie Blüten fallen seh;
Doch tanzt den stillen Reigen
In Flocken nur der Schnee.

Ich seh vom Haupt ihn tropfen
Gleich Tränen niederwärts,
Und lauter hör ich klopfen
Mein tiefbewegtes Herz.

1841

Lied eines Ausgewanderten

Im Westen geht die Sonne scheiden,
Und dunkel wird es, wie mein Sinn;
Ein Tag, wie immer reich an Leiden,
Und reich an Sehnsucht, schwand dahin.

Ich habe seit der Abschiedsstunde
Kein deutsches Antlitz mehr erblickt,
Und habe recht aus Herzensgrunde
Noch keine deutsche Hand gedrückt.

Die Tage und die Jahre bringen
Mir nur das eigne, deutsche Lied,
Und wer mich hört die Lieder singen,
Auch Tränen wohl im Auge sieht.

Ich bin von alledem geschieden,
Was meinem Herzen lieb und wert,
Und meiner Seele Ruh und Frieden
Wohl nimmer, nimmer wiederkehrt.

Und doch, ich gebe meine Wunden
Nicht um der Heimat Glück dahin; –
Das Kleinod hab ich hier gefunden,
Um das ich *dort* geschieden bin.

Und wie mein Herz von dannen trachtet,
Und nach der Heimat süßem Glück,
Nach Freundschaft und nach Liebe schmachtet; –
Die *Freiheit* hält mich doch zurück.

1841/42

Das alte Lied

Es sang vor vielen tausend Jahren
Die Nachtigall wie heute schon,
Von Jahr zu Jahre – neue Scharen,
Von Jahr zu Jahr – der alte Ton.

Das alte Lied! auf allen Zweigen
Tönt's ewig schön den Wald entlang,
Und doch, – der Dichter soll verschweigen,
Was vor ihm schon ein andrer sang.

Was schiert's die Welt, ob tief empfunden
Sein altes Lied, ob's wahr, ob's treu;
Sie fragt: „Ist's leidlich gut erfunden?"
Und fragt vor allen: „ob es neu?"

Weh, Abendrot, daß du mich wieder
Zu einem alten Sange zwingst,
Du Purpurträger, der du Lieder
Von je als Huld'gungseid empfingst.

Du Bild von einem Königsohne,
Der, in sich selber stark und fest,
Die strahlenreiche, goldne Krone,
Als wär's ein Spielzeug, sinken läßt.

1841/42

Die Faust in der Tasche

Sieh, es geht der Krug zu Wasser
Nur so lange, bis er bricht,
Und sogar gesalbte Prasser
Prassen binnen kurzem nicht;
In mir glüht der Himmelsfunken,
All mein Sein ist liberal,
Und dem Prunken der Halunken
Mach ein End ich bald einmal.

Doch die Wände haben Ohren,
Und kaum weiß ich, wer du bist,
Und ich wäre schier verloren,
Hörte mich ein Polizist.

Von des großen Schillers Werken
Lieb ich nur den „Wilhelm Tell",
Und ich trinke – mich zu stärken –
Oft aus diesem Freiheitsquell.
Als die Schillerwestenfeier
Neulich man begangen hat,
Klang begeisternd meine Leier
In dem Leipz'ger Tageblatt.

Doch die Wände haben Ohren,
Und kaum weiß ich, wer du bist,
Und ich wäre schier verloren
Hörte mich ein Polizist.

Einen invaliden Polen
Lad ich täglich zu mir ein,
Und zwei Doppelterzerolen
Müssen stets geladen sein;
Ja, in meinem Hause wohnen
Zwei von der Studentenschaft,
Die sich – wie man sagt – *Kanonen*
Größter Sorte angeschafft.

Doch die Wände haben Ohren,
Und kaum weiß ich, wer du bist,
Und ich wäre schier verloren,
Hörte mich ein Polizist.

vor 1842

Die Adelszeitung
Was Gott nicht alles leben läßt!

Ich kann mir selbst es kaum vergeben,
Und nicht erklären kann ich's mir, –
Drei Jahre ist sie schon am Leben,
Und gestern hört ich erst von ihr.
Erst gestern hab ich sie gelesen, –
Ich las – und wurde rot vor Scham,
Wie schlecht doch alle Kost gewesen,
Woraus ich sonsten Nahrung nahm.

Oh, welche Weisheit! hinzuschreiben:
Reif ist ein fürstlich Windelkind,
Unmündig aber muß es bleiben,
Das Volk, – das arme Findelkind –
Es wird darinnen auch gedichtet,
Doch macht das Lied sich nie gemein,
Es muß an Fürsten meist gerichtet
Und stets von einem Grafen sein.

Preßfreiheit kann ihr nicht behagen,
Weil sie die Zeit erkannt, erfaßt;
Und jene vier so grobe Fragen
Sind ihr wie Bürgerplebs verhaßt.
Dem Herwegh macht es ew'ge Schande,
Daß er gezürnt so ungalant; –
Man merkt es, daß er hier zu Lande,
Ach, leider niemals Schildwacht stand.

Heut hat der Kellner mich berichtet,
Als ich das Adelsblatt begehrt:
„Wir haben, Gott sei Dank, gelichtet
Und abgeschafft, was gar nichts wert.
Wir sind nicht recht gescheit gewesen; –

Herr, in der Adelszeitung hat
Man immer nur zum Spaß gelesen,
Wie im ‚Polit'schen Wochenblatt'."

1842

Frühlingslieder

I.

Der Frühling hat des Winters Kette
Gelöst nach altem, guten Brauch;
Oh, daß er doch zerbrochen hätte
Die Ketten unsrer Freiheit auch.

Er nahm das weiße Totenlinnen,
Das die gestorbne Erde trug,
Und sieht die Fürsten weiter spinnen
An unsrer Freiheit Leichentuch.

Wird nie der Lenz der Freiheit kommen?
Und werden immer Schnee und Eis,
Und nimmer Ketten uns genommen?
Es seufzt mein Herz: Wer weiß, wer weiß?!

II.

Der Frühling kam, der Weltbefreier,
Die Erde lebt und grünt und blüht,
Am Himmel keine Wolkenschleier,
Und ohne Wolken das Gemüt.

Die Vögel und die Menschen singen,
Und wie die Lerche himmelwärts,
Will sich empor zur Gottheit schwingen
Im Dankgebet das Menschenherz.

Oh, Herz! es brach die Frühlingssonne
Des Winters Ketten wohl entzwei,
Wohl ziemt der Erde Dank und Wonne; –
Doch bist auch du von Ketten frei?

III.

Mein Herz getrost, und laß das Klagen,
Und stelle deinen Kummer ein,
Und laß vor allem vom Verzagen
Nicht länger mehr die Rede sein.

Nicht ewig herrschen kann auf Erden
Die Willkür und die Tyrannei,
Nein, anders, besser wird es werden;
Und wir auch, Herz, wir werden frei.

Es gilt nur um sich her zu schauen,
Zu sehn, wie rings es gärt und kocht,
Wie jedes Herz in deutschen Gauen
Begeistert für die Freiheit pocht.

Vorbei ist's mit dem Liebesgirren,
Man hört ein kräftig freies Wort,
Und hört auch wohl die Schwerter klirren,
Geht's nur so rüstig weiter fort.

Und einmal nur das Schwert genommen,
Das gute Schwert in unsre Hand,
Da muß der Lenz der Freiheit kommen
Und segnen unser Vaterland.

1842

Alles still!

Alles still! Es tanzt den Reigen
    Mondenstrahl im Wald und Flur,
Und darüber thront das Schweigen
    Und der Winterhimmel nur.

Alles still! Vergeblich lauschet
    Man der Krähe heisrem Schrei,
Keiner Fichte Wipfel rauschet
    Und kein Bächlein summt vorbei.

Alles still! Die Dorfes-Hütten
    Sind wie Gräber anzusehen,
Die, von Schnee bedeckt, inmitten
    Eines weiten Friedhofs stehn.

Alles still! Nichts hör ich klopfen
    Als mein Herze durch die Nacht; –
Heiße Tränen niedertropfen
    Auf die kalte Winterpracht.

spätestens 1844

Das Fischermädchen

Steht auf sand'gem Dünenrücken
    Eine Fischerhütt am Strand;
Abendrot und Netze schmücken
    Wunderlich die Giebelwand.

Drinnen spinnt und schnurrt das Rädchen,
    Blaß der Mond ins Fenster scheint,
Still am Herd das Fischermädchen
    Denkt des letzten Sturms und – weint.

Und es klagen ihre Tränen:
„Weit der Himmel, tief die See,
Doch noch weiter geht mein Sehnen,
Und noch tiefer ist mein Weh."

spätestens 1844

Auch ein Herzenstrost

Mein Freund, du frägst, warum ich singe?
Das ist mir eine Frage, das;
Ich singe, nun, ich singe, singe –
Mir macht einmal das Singen Spaß.

Daß andre so wie ich empfinden,
Das wär bedeutend stolz gedacht;
Ich kenn am besten die Gefühle,
Die solch ein Lied hervorgebracht.

Drum mach ich einen Katzenbuckel,
Biet ich mein Lied den Leuten an:
„Sollt etwas nur daran gefallen,
Ist's mehr schon, als ich hoffen kann!"

Vor jedem Lumpenjournalisten
Bin ich ein tief bescheidner Mann:
Der Mensch wird ganz gewiß was wissen,
Was unsereins nicht machen kann.

So schick ich meine Vers ins Leben,
Bis an ein Herz ins weite Land,
Das einst, wie ich, mit Jugendwärme
Die großen Sänger nachempfand.

Das einst, wie ich, an seiner Wiege
Der Musen Feuerkuß erhielt,
Das einst vielleicht auch meine Lieder
Mit allem Leben wieder fühlt.

Mein Freund, das ist so meine Hoffnung,
Das ist so meine Hoffnung, das –
Derweile sing ich, sing ich Lieder,
Mir macht einmal das Singen Spaß.

Ich singe fort, solang ich fühle,
Verlange Mitgefühle nie,
Und klage nie, wie andre Dichter,
Ob Lumpenwelt und Compagnie.

1844

Der Totengräber

Ich eile und mühe mich sonder Rast,
Auf Erden hat jeder sein liebe Last;
Ich schaufle und schaufle ein Grab wieder zu:
Ich grub schon manch sorgenvoll Herze zur
Ruh.

Es jagt der Mensch sein Gebild durch die Welt,
Ob auch die Liebe, die Tugend drob fällt,
Sie eilen, sie treiben, und jagen sich ab,
Und jagen doch endlich ins offene Grab. –

Es lagert hier stille, so heil'ge Ruh;
Sie alle deckt nämliche Erde zu –
Und draußen die wilde, geschäftige Welt:
Vor Wehmut das Herz mir im Leibe zerfällt. –

1844

Als Hundstage waren

Bedientenvolk! schon wähnt ich eitel,
Du zögst den neuen Adam an,
Doch von der Sohle bis zum Scheitel
Steckt in dir noch der „Untertan".
Das war ein Gähnen, Murren, Grollen,
Die Meinung wuchs und wurde dreist,
Und doch ein einzig kühnes Wollen
Belebt den alten Sklavengeist.

Still bringe deinen Dank entgegen
Ihm, der ein Unheil abgewandt,
Doch jedes *laute* Freuderegen
Ist ein Verrat am Vaterland;
Denn „*Liebe*" nennt man dein Entzücken,
Und „Liebe" jeden Vivatruf,
Ja, alles, was ein krummer Rücken
Und sklavische Gewohnheit schuf.

Vergeblich! alle Glocken tönen,
Man singt: „Nun danket alle Gott",
Ich möchte bitter, bitter höhnen,
Doch ach, der Zorn erstickt den Spott.
Wir sind mit dem, was wir gewannen,
Wie Sisyphus mit seinem Stein,
Man wird sich vor den Wagen spannen
Und hochbeglückt im Joche sein.

1844

Im Herbst

Es fällt das Laub wie Regentropfen
    So zahllos auf die Stoppelflur;
Matt pulst der Bach wie letztes Klopfen
    Im Todeskampfe der Natur.

Still wird's! und als den tiefen Frieden
  Ein leises Wehen jetzt durchzog,
Da mocht es sein, daß abgeschieden
  Die Erdenseele aufwärts flog.

1844

Bei Verbannung meines Tagebuches

Tagebuch, du nahmst mich pünktlich
Wochenlang zu Protokoll,
Doch dein Inhalt, so bedünkt's mich –
Ist zum Weinen jammervoll.

Will aufs neu zur Hand dich nehmen,
Wenn sein täglich Treiben man
(Ohne dessen sich zu schämen),
Schwarz auf weiß verew'gen kann.

Tagebuchen durfte freilich
Caesar oder Xenophon;
Unsereins wirft auch die Würfel,
Doch wo bleibt der Rubikon!

1844 (?)

Glück

Sonntagsruhe, Dorfesstille,
Kind und Knecht und Magd sind aus,
Unterm Herde nur die Grille
Musizieret durch das Haus.

Tür und Fenster blieben offen,
Denn es schweigen Luft und Wind,
In uns schweigen Wunsch und Hoffen,
Weil wir ganz im Glücke sind.

Felder rings – ein Gottessegen
Hügel auf- und niederwärts,
Und auf stillen Gnadenwegen
Stieg auch uns er in das Herz.

1845

Memento

Geliebte, willst du doppelt leben,
So sei des Todes gern gedenk
Und nimm, was dir die Götter geben,
Tagtäglich hin wie ein Geschenk.

Mach dich vertraut mit dem Gedanken,
Daß doch das Letzte kommen muß,
Und statt in Trübsinn hinzukranken,
Wird dir das Dasein zum Genuß.

Du magst nicht länger mehr vergeuden
Die Spanne Zeit in eitlem Haß,
Du freust dich reiner deiner Freuden
Und sorgst nicht mehr um dies und das.

Du setzest an die rechte Stelle
Das Hohe, Göttliche der Zeit,
Und jede Stunde wird dir Quelle
Gesteigert neuer Dankbarkeit.

1845

O trübe diese Tage nicht

O trübe diese Tage nicht,
Sie sind der letzte Sonnenschein,
Wie lange, und es lischt das Licht,
Und unser Winter bricht herein.

Dies ist die Zeit, wo jeder Tag
Viel Tage gilt in seinem Wert,
Weil man's nicht mehr erhoffen mag,
Daß *so* die Stunde wiederkehrt.

Die Flut des Lebens ist dahin,
Es ebbt in seinem Stolz und Reiz,
Und sieh, es schleicht in unsern Sinn
Ein banger, nie gekannter Geiz;

Ein süßer Geiz, der Stunden zählt
Und jede prüft auf ihren Glanz,
O sorge, daß uns keine fehlt,
Und gönn uns jede Stunde *ganz*.

1845

Nah und Fern

Wenn die Wolken vielgestaltig
   Sich am Horizonte dehnen,
Überkommt uns allgewaltig
   Ihnen nach ein tiefes Sehnen.

Aber wenn die stolzen Züge
   Sich zur Erde niederlassen,
War ihr Zauber – eitle Lüge,
   Sind es graue Nebelmassen.

Wenig läßt die Nähe gelten,
   Tausend Reize hat die Ferne:
Selbst die lichtesärmsten Welten
   Wandelt sie – in helle Sterne.

1845

Und alles ohne Liebe

Die Mutter spricht: „Lieb Else mein,
Wozu dies Grämen und Härmen?
Man lebt sich ineinander ein,
Auch ohne viel zu schwärmen;
Wie manche nahm schon ihren Mann,
Daß sie nicht sitzen bliebe,
Und dünkte sich im Himmel dann
Und – alles ohne Liebe."

Jung-Else hört's. Sie schloß das Band,
Das ew'ge, am Altare,
Und lächelnd nahm des Gatten Hand
Den Kranz aus ihrem Haare;
Ihr war's, als ob ein glühend Rot
Sich auf die Stirn ihr schriebe,
Sie gab ihr Alles, nach Gebot,
Und – alles ohne Liebe.

Der Mann ist schlecht; er liebt das Spiel
Und guten Trunk nicht minder,
Sein Weib zu Hause weint zu viel,
Und ewig schrein die Kinder;
Spät kommt er heim, er kost, er schlägt,
Nachgiebig jedem Triebe,
Sie trägt's, wie nur die Liebe trägt,
Und – alles ohne Liebe.

Sie wünscht sich oft, es wär vorbei,
Wenn nicht die Kinder wären,
So aber sucht sie stets aufs neu
Zum Guten es zu kehren,
Sie schmeichelt ihm, und ob er dann

Auch kalt bei Seit sie schiebe,
Sie nennt ihn „ihren liebsten Mann"
Und – alles ohne Liebe.

spätestens 1846

Guter Rat

An einem Sommermorgen
    Da nimm den Wanderstab,
Es fallen deine Sorgen
    Wie Nebel von dir ab.

Des Himmels heitere Bläue
    Lacht dir ins Herz hinein,
Und schließt, wie Gottes Treue,
    Mit seinem Dach dich ein.

Rings Blüten nur und Triebe
    Und Halme von Segen schwer,
Dir ist, als zöge die Liebe
    Des Weges nebenher.

So heimisch alles klinget
    Als wie im Vaterhaus,
Und über die Lerchen schwinget
    Die Seele sich hinaus.

1849

Winterabend

Da draußen schneit es: Schneegeflimmer
    Wies heute mir den Weg zu dir;
Ein tret ich in dein traulich Zimmer,
    Und warm ans Herze fliegst du mir –

Ab schüttl ich jetzt die Winterflocken,
   Ab schüttl ich hinterdrein die Welt,
Nur leise noch von Schlittenglocken
   Ein ferner Klang herübergellt.

„Nun aber komm, nun laß uns plaudern
   Vom eignen Herd, von Hof und Haus!"
Da baust du lachend, ohne Zaudern,
   Bis unters Dach die Zukunft aus;
Du hängst an meines Zimmers Wände
   All meine Lieblingsschilderein,
Ich seh's und streck danach die Hände,
   Als müß es wahr und wirklich sein.

So flieht des Abends schöne Stunde,
   Vom fernen Turm tönt's Mitternacht,
Die Mutter schläft, in stiller Runde
   Nur noch die Wanduhr pickt und wacht.
Ade, ade! von warmen Lippen
   Ein Kuß noch, – dann in Nacht hinein:
Das Leben lacht, trotz Sturm und Klippen,
   Nur Steurer muß die Liebe sein.

1849

Sei milde stets

Sei milde stets, und halte fern
Von Hoffart deine Seele,
Wir wandeln alle vor dem Herrn
Des Wegs in Schuld und Fehle.

Woll *einen* Spruch, woll *ein* Geheiß
Dir in die Seele schärfen:
„Es möge, wer sich schuldlos weiß,
Den Stein auf andre werfen!"

Die Tugend, die voll Stolz sich gibt,
Ist eitles Selbsterheben;
Wer alles *Rechte* wahrhaft liebt,
Weiß *Unrecht* zu vergeben.

1849

Mein Herze, glaubt's, ist nicht erkaltet

Mein Herze, glaubt's, ist nicht erkaltet,
   Es glüht in ihm so heiß wie je,
Und was ihr drin für Winter haltet,
   Ist Schein nur, ist gemalter Schnee.

Doch, was in alter Lieb ich fühle,
   Verschließ ich jetzt in tiefstem Sinn,
Und trag's nicht fürder ins Gewühle
   Der ewig kalten Menschen hin.

Ich bin wie Wein, der ausgegoren:
   Er schäumt nicht länger hin und her,
Doch was nach außen er verloren,
   Hat er an innrem Feuer mehr.

1849

Bekenntnis

Ich bin ein unglückselig Rohr:
   Gefühle und Gedanken
Seh' rechts und links, zurück und vor,
   In jedem Wind, ich schwanken.

Da liegt nichts zwischen Sein und Tod,
   Was ich nicht schon erflehte:
Heut bitt ich um des Glaubens Brot,
   Daß morgen ich's zertrete;

Bald ist's im Herzen kirchenstill,
  Bald schäumt's wie Saft der Reben,
Ich weiß nicht, was ich soll und will; –
  Es ist ein kläglich Leben!

Dich ruf ich, der das Kleinste du
  In deinen Schutz genommen,
Gönn meinem Herzen Halt und Ruh,
  Gott, laß mich nicht verkommen;

Leih mir die Kraft, die mir gebricht,
  Nimm weg, was mich verwirret,
Sonst lösch es aus, dies Flackerlicht,
  Das über Sümpfe irret!

1849/50

Aus: **Sprüche**

1.

Nicht Glückes bar sind deine Lenze,
  Du forderst nur des Glücks zu viel;
Gib deinem Wunsche Maß und Grenze,
  Und dir entgegen kommt das Ziel.

Wie dumpfes Unkraut laß vermodern,
  Was in dir noch des Glaubens ist:
Du hättest doppelt einzufodern
  Des Lebens Glück, weil *du* es bist.

Das Glück, kein Reiter wird's erjagen,
  Es ist nicht dort, es ist nicht hier;
Lern überwinden, lern entsagen,
  Und ungeahnt erblüht es dir.

2.

Laß ab von diesem Zweifeln, Klauben,
  Vor dem das Beste selbst zerfällt,
Und wahre dir den vollen Glauben
  An diese Welt *trotz* dieser Welt.

Schau hin auf eines Weibes Züge,
  Das lächelnd auf den Säugling blickt,
Und fühl's, es ist nicht alles Lüge,
  Was uns das Leben bringt und schickt.

Und, Herze, willst du ganz genesen,
  Sei selber wahr, sei selber rein!
Was wir in Welt und Menschen lesen,
  Ist nur der eigne Widerschein.

4.

Es kann die Ehre dieser Welt
  Dir keine Ehre geben,
Was dich in Wahrheit hebt und hält,
  Muß in dir selber leben.

Wenn's deinem Innersten gebricht
  An echten Stolzes Stütze,
Ob dann die Welt dir Beifall spricht,
  Ist all dir wenig nütze.

Das flücht'ge Lob, des Tages Ruhm
  Magst du dem Eitlen gönnen;
Das aber sei dein Heiligtum:
  Vor *dir* bestehen können.

6.

Du wirst es nie zu Tücht'gem bringen
    Bei deines Grames Träumerein,
Die Tränen lassen nichts gelingen,
    Wer schaffen will, muß fröhlich sein.

Wohl Keime wecken mag der Regen,
    Der in die Scholle niederbricht,
Doch golden Korn und Erntesegen
    Reift nur heran bei Sonnenlicht.

8

Die Menschen lassen vieles gelten:
    Vor allem lieben sie dich *stumm*;
Doch willst du klagen, willst du schelten, –
    Auch das, man kümmert sich nicht drum.

Nur, willst du rasch die Gunst verscherzen,
    So zeig ein Fünkchen Seligkeit, –
Man wünscht dir Glück „von ganzem Herzen"
    Und birst vor rückgestautem Neid.

10.

Man wird nicht besser mit den Jahren,
    Wie sollt es auch, man wird bequem
Und bringt, um sich die Reu zu sparen,
    Die Fehler all in ein System.

Das gibt dann eine glatte Fläche,
    Man gleitet unbehindert fort,
Und „allgemeine Menschenschwäche"
    Wird unser Trost- und Losungswort.

Die Fragen alle sind erledigt,
  Das eine geht, das andre nicht,
Nur manchmal eine stumme Predigt
  Hält uns der Kinder Angesicht.

11.

Du darfst mißmutig nicht verzagen,
  In Liebe nicht noch im Gesang,
Wenn mal ein allzu kühnes Wagen,
  Ein Wurf im Wettspiel dir mißlang.

Wes Fuß wär niemals fehlgesprungen?
  Wer lief nicht irr auf seinem Lauf?
Blick hin auf das, was dir gelungen,
  Und richte so dich wieder auf.

Vorüber ziehn die trüben Wetter,
  Es lacht aufs neu der Sonne Glanz,
Und ob verwehn die *welken* Blätter,
  Die *frischen* schlingen sich zum Kranz.

1849/57

Mittag

Am Waldessaume träumt die Föhre,
Am Himmel weiße Wölkchen nur;
Es ist so still, daß ich sie *höre*,
Die tiefe Stille der Natur.

Rings Sonnenschein auf Wies' und Wegen,
Die Wipfel stumm, kein Lüftchen wach,
Und doch, es klingt, als ström ein Regen
Leis tönend auf das Blätterdach.

1851 (?)

Aus: **Tagebuchblätter aus Fremde und Heimat**

1.

Erst Münchner Bräu aus vollen Krügen,
Die Deckel klappten wie ein Reim,
Dann Neckarwein in vollen Zügen
Und endlich Rot von Ingelheim.

Und all die Zeit kein regentrüber
Verlorner Tag, kein nasser Schuh,
Die Bilder zogen uns vorüber,
Wir taten nichts als schauten zu.

Und graue Dome, bunte Fresken
Und Marmor reichten sich die Hand,
Und weinblattdunkle Arabesken
Zog drum das Rhein- und Schwabenland.

Bei Mannheim stand ich auf der Brücken
Und mußte von der Heimat gehn,
Ich wandt ihr zögernd meinen Rücken
Und möchte gern sie wiedersehn.

3.

Die Welt ist lustig anzusehn!
Arme Mädchen drunt vorübergehn,
Sie putzten seiden sich heraus,
Und drüben steht das Findelhaus –
    Die Welt ist lustig.

Im Nachbarhause gibt es Ball,
Sie kommen in Staatskarossen all,
Wie glücklich Wirt und Gäste sind
Und drunten friert das Bettelkind –
    Die Welt ist lustig.

Und drüben am Eck, tagaus, tagein,
In heisre Kehlen fließt der Wein,
Drei Trunkne stolpern just heraus
Und singen: „Lustig, altes Haus!"
    Die Welt ist lustig.

6.

Und wieder mal ein neues Jahr –
Was werden die Tage bringen?!
Wird's werden, wie es immer war,
Halb scheitern, halb gelingen?

Wird es mit Samt mir streicheln die Haut,
Oder wird es in Lohe mich gerben?
Gleichviel was es im Kessel braut –
Nur wünsch ich nicht zu sterben.

Ich mag noch nicht von hinnen gehn,
Wie's oft die Kämpfenden müssen;
Ich möchte mein Weib noch wiedersehn
Und meinen Jungen küssen.

Ich möchte noch wieder im Vaterland
Die Gläser klingen lassen,
Und möchte noch wieder des Freundes Hand
Im Einverständnis fassen.

Ich möchte noch wirken und schaffen und tun
Und atmen eine Weile,
Denn um im Grabe auszuruhn
Hat's nimmer Not noch Eile.

Ich möchte leben, bis all dies Glühn
Rückläßt einen leuchtenden Funken
Und nicht vergeht wie die Flamm im Kamin,
Die eben zu Asche gesunken.

8.

Ich bin die halbe Welt durchzogen
Und suchte Glück und sucht es weit,
Es hat mein Suchen mich betrogen,
Und was ich fand, war Einsamkeit.

Ich hörte, wie das Leben lärmte,
Ich sah sein tausendfarbig Licht,
Es war kein Licht doch, was mich wärmte,
Und echtes Leben war es nicht.

Und endlich bin ich heimgegangen
Zu alter Stell und alter Lieb,
Da löste still sich das Verlangen,
Das einst mich in die Ferne trieb.

Die Welt, die fremde, lohnt mit Kränkung,
Was sich in Lieb ihr zugesellt;
Das Haus, die Heimat, die Beschränkung,
Die sind das Glück und sind die Welt.

1855/57

Resignation

Ich kann mir's länger nicht verhehlen,
Die Jugend geht, das Alter kommt,
Beim Wein Geschichtchen zu erzählen
Ist nun die Gabe, die mir frommt.

Was schwarz ist, schätz ich jetzt geringer,
Was blond ist, lieb ich allermeist,
Und dumme, funfzehnjähr'ge Dinger
Entzücken mich durch ihren Geist.

Wenn kichernd sie zusammensitzen,
Flüstern, was jeder wissen kann,
Wer kommt mit seinen besten Witzen
An so viel Lieblichkeit heran.

Probleme lösen, Welt bezwingen,
War immer eine harte Nuß,
Und zweier Mädchen Liedersingen
Ist wirklich größerer Genuß.

1857

Lieben lerne!

Lieben lerne!
Und zur Fremde wird die Heimat,
Und zur Nähe wird die Ferne.

1864

Spätherbst

Schon mischt sich Rot in der Blätter Grün,
Reseden und Astern sind im Verblühn,
Die Trauben geschnitten, der Hafer gemäht,
Der Herbst ist da, das Jahr wird spät.

Und doch (ob Herbst auch) die Sonne glüht, –
Weg drum mit der Schwermut aus deinem Gemüt!
Banne die Sorge, genieße, was frommt,
Eh Stille, Schnee und Winter kommt.

1867/85

Neujahr 1871

Das alte Jahr – vom Turm hat's ausgeklungen,
Auf horcht im Traum der Dohlen dunkle Schar,
Und klirrend sind die Pforten aufgesprungen
(Wie Waffen klirrn) von einem neuen Jahr;
Ein Trennungsschnitt ist wieder eingedrungen
In das, was sein wird, und in das, was war,
Und eh wir Wunsch und Bitte vorwärts schicken,
Was läg uns näher, als zurückzublicken?

In welch ein Jahr! Es ruht das stille Schaffen,
Der Dinge schönes Gleichmaß ist gestört,
Vom Rhein zum Njemen klingt es: „Zu den Waffen!
Das Unrecht schreit, die Schmach ist unerhört"; –
Und bis zu *dieser* Stunde kein Erschlaffen
Seit jenem Tag von Weißenburg und Wörth,
In jedem Kampf aufs neue ruhmbereichert,
Was ward seit Spichern alles aufgespeichert!

Dreimal vor Metz, in ungeheurem Ringen,
Auf, ab die Mosel fing das Ernten an,
Bis an der Maas in eisernem Umschlingen
Deutschland den Ehr- und Erntekranz gewann;
An dieses Kranzes blut'gen Ähren hingen
Armeen: dreimalhunderttausend Mann,
Gefangen all! Ein Kaiser ging verloren,
Ein andrer: (Kaiser Weißbart) ward geboren.

Das alte Jahr, in Kampf und Mut und Streben
Hat's uns gefeit, gewappnet und gestählt,
Du neues Jahr, o woll auch *das* noch geben,
Das *Eine* noch, das uns allein noch fehlt:
Laß jenen Ölzweig zu uns niederschweben,
Auf den ein jedes Herz jetzt hofft und zählt,
Zu allem, was das alte Jahr beschieden,
Du neues Jahr, o gib uns *Frieden, Frieden!*

Trost

Tröste dich, die Stunden eilen,
Und was all dich drücken mag,
Auch das Schlimmste kann nicht weilen,
Und es kommt ein andrer Tag.

In dem ew'gen Kommen, Schwinden,
Wie der Schmerz liegt auch das Glück,
Und auch heitre Bilder finden
Ihren Weg zu dir zurück.

Harre, hoffe. Nicht vergebens
Zählest du der Stunden Schlag,
Wechsel ist das Los des Lebens,
Und – es kommt ein andrer Tag.

1876

Herbstgefärbt

Rot und gelbe Herbsteslehnen
An der fernen Berge Joch,
Und wie Frühlingsgruß und Sehnen
Blühen um mich her Verbenen,
Aber ach wie lange noch?!

Und so schwindet hin das Leben,
Schwindet, und du liebst es doch;
Wieder regt sich Stolz und Streben,
Und der Wunsch keimt auf daneben, –
Aber ach wie lange noch?!

1877

Zuspruch

Such nicht immer, was dir fehle,
Demut fülle deine Seele,
Dank erfülle dein Gemüt.
Alle Blumen, alle Blümchen,
Und darunter selbst ein Rühmchen,
Haben auch für dich geblüht!

1878

Distelmeiers Lieder

Es treibt ein Kahn stromnieder,
Ein Knabe sinnt und träumt,
Der Himmel ist blau und stählern
Und im Westen rot-umsäumt.
Es schwinden die roten Dächer,
Die Stadt, das Ufer, der Strand,
Er treibt und träumt nur lässig,
Das Ruder in der Hand.
Es fallen die Tropfen vom Ruder,
Aus ist eines Tages Lauf
Und Sehnsucht, Wünsche, Sterne
Ziehen am Himmel hinauf.

2. Strophe

In den hohen Himbeerbüschen
Stehe ich versteckt
          etc.
Es löst sich eine Strähne
Von ihrem blonden Haar
          Ausmalen
Und Sehnsucht, Wünsche, Sterne
Ziehen am Himmel herauf.

3. Strophe

Es weht das Haar im Winde
Und der Tag ist hell und heiß,
Es weht mein Haar im Winde,
Aber das Haar ist weiß.
Lichter, rote, gelbe,
Der Strand dasselbe Gelb,
Gleiten darüber her,
Die Wellen rollen her,
Bin ich noch derselbe
Oder bin ich's nicht mehr.
Es ging ein halb Jahrhundert
Und nahm viel in seinem Lauf,
Sehnsucht, Wünsche, Sterne
Ziehen noch immer herauf.

1878/79

Beim Lesen einer Spruchsammlung

Wie wohl mir's tut,
Daß nicht alles gut;
Ist alles nett,
So stickt man im Fett.

1880

Publikum

Das Publikum ist eine einfache Frau,
Bourgeoishaft, eitel und wichtig,
Und folgt man, wenn sie spricht, genau,
So spricht sie nicht mal richtig.

Eine einfache Frau, doch rosig und frisch,
Und ihre Juwelen blitzen,
Und sie lacht und führt einen guten Tisch,
Und es möchte sie jeder besitzen.

1883

Schmucklos wird mir die Welt

Schmucklos wird mir die Welt,
Ihr Götzendienst, und ihre Lüge.
Nichts was Liebe lohnt,
Nichts was Liebe *will*!

Und doch entfremdet der Welt,
Enterbt und verwiesen,
Erblüht mir an ihrem Rand
(Ein süßes Gift im Kelch)
Eine berauschende Blume noch:
  Einsamkeit.

1883

Mitunter, wenn ich beim Frühstück sitze

Mitunter, wenn ich beim Frühstück sitze,
Kommen mir all die alten Witze.
Da steht die Sonne, will nicht vom Fleck,
Was hat die Sonne für 'nen Zweck?

Wir haben die Sonne, wir haben den Regen,
Alles nur der Ernte wegen.
Nun ja die Ernte mit Korn und Speck,
Was hat die Ernte für 'nen Zweck?

Die hat den Zweck, so mußt du's vergönnen,
Daß Tier und Menschen leben können.
Nun ja, doch kriege keinen Schreck,
Was haben die Menschen für 'nen Zweck?

Sie sollen beten und Gutes erweisen
Und sollen sich lieben und sollen Gott preisen.
Aber tun es nicht. Und wenn sie's täten
Und wenn sie, Gott preisend, vor Gott träten

Und wenn sie sängen in Eklogen,
Was soll der ganze Bilderbogen,
Neu-Ruppin, bei Gustav Kühn,
Rot und blau und gelb und grün.

Was soll es? Er in sich allein?
Gott-Welt, das würde christlich sein.

1885

Prolog
(Zur Feier des zweihundertjährigen Bestehens der
französischen Kolonie 1. November 1885)

Zweihundert Jahre, daß wir hier zu Land
Ein Obdach fanden, Freistatt für den Glauben
Und Zuflucht vor Bedrängnis der Gewissen.
Ein hochgemuter Fürst, so frei wie fromm,
Empfing uns hier, und wie der Fürst des Landes
Empfing uns auch sein Volk. Kein Neid ward wach,
Nicht Eifersucht – man öffnete das Tor uns
Und hieß als Glaubensbrüder uns willkommen.
Land-Fremde waren wir, nicht *Herzens*-Fremde.
So ward die Freistatt bald zur Heimatsstätte,
Zur Stätte neuer Lieb, und was seitdem
Durch Gottes Ratschluß dieses Land erfahren,

63

Wir lebten's mit, sein Leid war unser Leid,
Und was es freute, war auch unsre Freude.
Wohl pflegten wir das Eigne, der Gemeinde
Gedeihn und Wachstum blieb uns Herzenssache,
Doch nie vergaßen wir der Pflicht und Sorge,
Daß, was nur *Teil* war, auch dem *Ganzen* diene.
Mit fleiß'ger Hand, in allem wohl erfahren,
Was älterer Kultur und wärm'rer Sonne
Daheim entsproß und einem reich'ren Lande –
So wirkten wir.

Doch unser Tun zu rühmen,
Es ist nicht *das*, was diesem Feste ziemt,
Heut ziemt's uns nur zu huld'gen und zu danken.

Und dieser Dank, was lieh' ihm größ're Kraft
Und Inbrunst als ein Rückblick auf das Leid,
Das einst aus unsrer Heimat uns vertrieben?

Erklinge denn, Musik, und führ herauf,
Im Widerspiel zu dieser Stunde Glück,
Uns Bilder aus der Zeit der *Hugenotten*!

Rückblick

Es geht zu End und ich blicke zurück.
Wie war mein Leben? wie war mein Glück?

Ich saß und machte meine Schuh;
Unter Lob und Tadel sah man mir zu.

„Du dichtest, das ist das Wichtigste …"
„Du dichtest, das ist das Nichtigste."

„Wenn Dichtung uns nicht zum Himmel trüge …"
„Phantastereien, Unsinn, Lüge!"

„Göttlicher Funke, Prometheusfeuer …"
„Zirpende Grille, leere Scheuer!"

Von hundert geliebt, von tausend mißacht't,
So hab' ich meine Tage verbracht.

1885/88

So und nicht anders

Die Menschen kümmerten mich nicht viel,
Eigen war mein Weg und Ziel.

Ich mied den Markt, ich mied den Schwarm,
Andre sind reich, ich bin arm.

Andre regierten (regieren noch),
Ich stand unten und ging durchs Joch.

Entsagen und lächeln bei Demütigungen,
Das ist die Kunst, die *mir* gelungen.

Und doch, wär's in die Wahl mir gegeben,
Ich führte noch einmal dasselbe Leben.

Und sollt ich noch einmal die Tage beginnen,
Ich würde denselben Faden spinnen.

1885/88

Es kribbelt und wibbelt weiter

Die Flut steigt bis an den Ararat,
Und es hilft keine Rettungsleiter,
Da bringt die Taube Zweig und Blatt –
Und es kribbelt und wibbelt weiter.

Es sicheln und mähen von Ost nach West
Die apokalyptischen Reiter,
Aber ob Hunger, ob Krieg, ob Pest,
Es kribbelt und wibbelt weiter.

Ein Gott wird gekreuzigt auf Golgatha,
Es brennen Millionen Scheiter,
Märtyrer hier und Hexen da,
Doch es kribbelt und wibbelt weiter.

So banne dein Ich in dich zurück
Und ergib dich und sei heiter;
Was liegt an dir und deinem Glück?
Es kribbelt und wibbelt weiter.

1885/88

Aber wir lassen es andere machen

Ein Chinese ('s sind schon an 200 Jahr)
In Frankreich auf einem Hofball war.
Und die einen frugen ihn: ob er das kenne?
Und die andern frugen ihn: wie man es nenne?
„Wir nennen es tanzen", sprach er mit Lachen,
„Aber wir lassen es *andere* machen."

Und dieses Wort seit langer Frist,
Mir immer in Erinnerung ist.
Ich seh' das Rennen, ich seh' das Jagen,
Und wenn mich die Menschen umdrängen und fragen,
„Was tust du nicht mit? Warum stehst du bei Seit?"
So sag ich: „Alles hat seine Zeit.
Auch die Jagd nach dem Glück. All derlei Sachen,
Ich lasse sie längst durch andere machen."

1885/89

Würd es mir fehlen, würd ich's vermissen?

Heute früh, nach gut durchschlafener Nacht,
Bin ich wieder aufgewacht.
Ich setzte mich an den Frühstückstisch,
Der Kaffee war warm, die Semmel war frisch,
Ich habe die Morgenzeitung gelesen,
(Es sind wieder Avancements gewesen).
Ich trat ans Fenster, ich sah hinunter,
Es trabte wieder, es klingelte munter,
Eine Schürze (beim Schlächter) hing über dem Stuhle,
Kleine Mädchen gingen nach der Schule, –
Alles war freundlich, alles war nett,
Aber wenn ich weiter geschlafen hätt
Und tät von alledem nichts wissen,
Würd es mir fehlen, würd ich's vermissen?

1885/89

Überlaß es der Zeit

Erscheint dir etwas unerhört,
Bist du tiefsten Herzens empört,
Bäume nicht auf, versuch's nicht mit Streit,
Berühr es nicht, überlaß es der Zeit.
Am ersten Tag wirst du feige dich schelten,
Am zweiten läßt du dein Schweigen schon gelten,
Am dritten hast du's überwunden,
Alles ist wichtig nur auf Stunden,
Ärger ist Zehrer und Lebensvergifter,
Zeit ist Balsam und Friedensstifter.

1885/89

Was mir fehlte

Wenn andre Fortunens Schiff gekapert,
Mit *meinen* Versuchen hat's immer gehapert,
Auf halbem Weg, auf der Enterbrücke,
Glitt immer ich aus. War's Schicksalstücke?
War's irgendein großes Unterlassen?
Ein falsches die Sach am Schopfe Fassen?
War's Schwachsein in den vier Elementen,
In Wissen, Ordnung, Fleiß und Talenten?
Oder war's – ach, suche nicht zu weit,
Was mir fehlte, war: Sinn für *Feierlichkeit.*

Ich blicke zurück. Gott sei gesegnet,
Wem bin ich nicht alles im Leben begegnet!
Machthabern aller Arten und Grade,
Vom Hof, von der Börse, von der Parade,
„Damens" mit und ohne Schnitzer,
Portiers, Hauswirte, Hausbesitzer,
Ich konnte mich allen bequem bequemen,
Aber feierlich konnt ich sie nicht nehmen.

Das rächt sich schließlich bei den Leuten,
Ein jeder möchte was Rechts bedeuten,
Und steht mal was in Sicht oder Frage,
So sagt ein Reskript am nächsten Tage:
„Nach bestem Wissen und Gewissen,
Er läßt doch den rechten Ernst vermissen,
Alle Dinge sind ihm immer nur Schein,
Er ist ein Fremdling, er paßt nicht hinein,
Und ob das Feierlichste gescheh,
Er sagt von jedem nur: Fa il Ré."

Suche nicht weiter. Man bringt es nicht weit
Bei fehlendem Sinn für Feierlichkeit.

1885/99

Aber es bleibt auf dem alten Fleck

„Wie konnt ich *das* tun, wie konnt ich *das* sagen", –
So hört man nicht auf, sich anzuklagen,
Bei jeder Dummheit, bei jedem Verlieren
Heißt es: „Das soll dir nicht wieder passieren."

Irrtum! Heut traf es bloß Kunzen und Hinzen,
Morgen trifft es schon ganze Provinzen,
Am dritten Tag ganze Konfessionen,
Oder die „Rassen, die zwischen uns wohnen",
Immer kriegt man einen Schreck,
Aber es bleibt auf dem alten Fleck.

1885/89

Die Frage bleibt

Halte dich still, halte dich stumm,
Nur nicht forschen, warum? warum?

Nur nicht bittre Fragen tauschen,
Antwort ist doch nur wie Meeresrauschen.

Wie's dich auch aufzuhorchen treibt,
Das Dunkel, das Rätsel, die Frage bleibt.

1885/89

Man hat es oder hat es nicht

Nur als Furioso nichts erstreben
Und fechten, bis der Säbel bricht,
Es muß sich dir von *selber* geben –
Man hat es oder hat es nicht.

Der Weg zu jedem höchsten Glücke,
Wär das Gedräng auch noch so dicht,
Ist keine Beresina-Brücke –
Man hat es oder hat es nicht.

Glaub nicht, du könntst es *doch* erklimmen
Und Wolln sei höchste Kraft und Pflicht,
Was *ist*, ist durch Vorherbestimmen –
Man hat es oder hat es nicht.

1885/89

Ausgang

Immer enger, leise, leise,
Ziehen sich die Lebenskreise,
Schwindet hin, was prahlt und prunkt,
Schwindet Hoffen, Hassen, Lieben,
Und ist nichts in Sicht geblieben
Als der letzte dunkle Punkt.

1885/89

Was mir gefällt

Du fragst: ob mir in dieser Welt
Überhaupt noch was gefällt?
Du fragst es und lächelst spöttisch dabei.

„Lieber Freund, mir gefällt noch allerlei:
Jedes Frühjahr das erste Tiergartengrün,
Oder wenn in Werder die Kirschen blühn,
Zu Pfingsten Kalmus und Birkenreiser,
Der alte Moltke, der alte Kaiser,
Und dann zu Pferd, eine Stunde später,
Mit dem gelben Streifen der ‚Halberstädter‘;
Kuckucksrufen, im Wald ein Reh,
Ein Spaziergang durch die Läster-Allee,
Paraden, der Schapersche Goethekopf
Und ein Backfisch mit einem Mozartzopf.“

spätestens 1888

Neustes oder Modernstes

Dies Gerede von dem Alten
Ist doch nicht mehr auszuhalten,
Als ob uns Homer was wäre,
Opfer waren Altäre.
Tasso, dieser Süßholzlutscher,
Shakespeare, dieser Droschkenkutscher,
Alles ist doch unter Hasen,
Schiller alles lauter Phrasen,
Was die Menschen da gelesen,
Alles ist zu dumm gewesen,
Uhlands arme sieben Sachen,
Ach es ist doch bloß zum Lachen,
Und der große Dante
Ist wie eine alte Tante.
Diese Lieder und Balladen,
Krämpfe krieg ich in den Waden,
.... Krüpel,
Shakespeare ist doch bloß ein Rüpel,
Raphael ist immer schofel,
Alles?, alles Skrophel,
Schiller gar mit seinen Phrasen
Ist nun vollends unter Hasen,
Ist denn hier in nächster Nähe
Nicht ein Bierhaus in der Nähe,
Hundert Schritt vom alten Wrangel
Ist ein neuer Tingeltangel
„? ?" – „Das versteht sich doch",
Na denn los, dann geht es noch.

1888/89

Ja, das möcht ich noch erleben

Eigentlich ist mir alles gleich,
Der eine wird arm, der andre wird reich,
Aber mit Bismarck – was wird das noch geben?
Das mit Bismarck, das möcht ich noch erleben.

Eigentlich ist alles soso,
Heute traurig, morgen froh,
Frühling, Sommer, Herbst und Winter,
Ach, es ist nicht viel dahinter.

Aber mein Enkel, so viel ist richtig,
Wird mit nächstem vorschulpflichtig,
Und in etwa vierzehn Tagen
Wird er eine Mappe tragen,
Löschblätter will ich ins Heft ihm kleben –
Ja, das möcht ich noch erleben.

Eigentlich ist alles nichts,
Heute hält's, und morgen bricht's,
Hin stirbt alles, ganz geringe
Wird der Wert der ird'schen Dinge;
Doch wie tief herabgestimmt
Auch das Wünschen Abschied nimmt,
Immer klingt es noch daneben:
Ja, das möcht ich noch erleben.

vor März 1890

Der echte Dichter
(Wie man sich früher ihn dachte)

Ein Dichter, ein echter, der Lyrik betreibt,
Mit einer Köchin ist er beweibt,
Seine Kinder sind schmuddlig und unerzogen,
Kommt der Mietszettelmann, so wird tüchtig
gelogen,
Gelogen, gemogelt wird überhaupt viel,
„Fabulieren" ist ja Zweck und Ziel.

Und ist er gekämmt und gewaschen zu Zeiten,
So schafft das nur Verlegenheiten,
Und ist er gar ohne Wechsel und Schulden
Und empfängt er pro Zeile 'nen halben Gulden
Oder pendeln ihm Orden am Frack hin und her,
So ist er gar kein Dichter mehr,
Eines echten Dichters eigenste Welt
Ist der Himmel und – ein Zigeunerzelt.

1890/91

Brunnenpromenade

Als ich ankam, Johannistag war grade,
Gleich ging ich auf die Brunnenpromnade.
Kaum wollt ich meinen Augen traun,
So viel des Herrlichen war da zu schaun,
Eine lange Reihe der schönsten Damen,
Wer zählt die Völker, wer nennt die Namen!

Eine ganz Teint und Taille war,
Aschblond das schlicht gescheitelte Haar,
Blendende Zähne, feines Kinn,
Typus einer Engländerin,
Aber solcher, die palankin-überdacht

Weit draußen ihre Tage verbracht,
In Hongkong oder Singapor
(Ihr Diener Malaie halb, halb Mohr),
Und neben ihr plaudert ein junger Lord
Von Lachsfang im Stavanger-Fjord,
Alles albionmäßig abgestempelt,
Die Beinkleider unten umgekrempelt.

Es plätschert der Springbrunn', es duften die Blumen,
Fremd blicken die Bonnen und Kindermuhmen,
Noch fremder die Ammen; die Badekapelle
Spielt eben eine Wagnerstelle,
Lohengrin-Arie, jetzt laut, jetzt leis,
Die Damen schließen einen Kreis,
Und in den Kreis, auf den Schlag des Gong,
Tritt jetzt die Schönheit der Saison.
Ihr Aug ist wie getaucht in Glut,
Rot ist ihr Kleid und rot ihr Hut,
Ein Hut, wie die Kirchenfürsten ihn tragen,
Breitkrempig, ein Schleier umgeschlagen,
Der Schleier *auch* rot, – am Arme Koralln,
Rot alles, worauf die Blicke falln,
Eine Römerin (flüstert man) soll es sein,
Andre sagen: aus Frankfurt am Main.

Und herwärts wogt es und wieder zurück,
Auf Wagner folgt ein ungrisch Stück,
Ein Czardas, und auf dem bewässerten Rasen
Blitzt es wie von Goldtopasen;
Überirdisch, ein paradiesisch Revier,
Und die Frage kommt mir: „Was willst *du* hier?"
Eine Freiin grüßt mich ... doch, wer sie nicht kennte,
Die Macht der höheren Elemente!

Nun ist die erste Woche dahin,
Verändert schon fühl ich Herz und Sinn,

Und eh eine zweite Woche vergangen,
Ist es nahzu vorbei mit meinem Bangen;
Mummenschanz alles und Fastnachtsorden,
Selbst der rote Hut ist mir komisch geworden,
Ob aus Rom oder Frankfurt – ich seh in Ruh
Jetzt lieber dem Paukenschläger zu,
Der kränklich und mürrisch und doch begeistert
Auch Becken noch und Triangel meistert;
Zu Schemen ist plötzlich alles verschwommen,
Ich bin wieder zu mir selbst gekommen,
Und während mir Scheuheit und Demut entschlummern,
Zähl ich mich zu den „besseren Nummern".

1890/91

Verzeiht

Verzeiht den Anekdotenkram
Und daß niemals ich einen „Anlauf" nahm,
Auch niemals mit den Göttern grollte,
Nicht mal den Staat verbessern wollte,
Nicht mal mit „sexuellen Problemen"
Gelegenheit nahm mich zu benehmen.

Der faßt es so, *der* anders an,
Man muß nur wollen, was man kann,
Mir würde der Weitsprung nicht gelingen,
So blieb ich denn bei den näheren Dingen,
Drei Schritt bloß – – ich weiß, es ist nicht viel,
Aber Freude gibt jedes erreichte Ziel.

1890/91

Es soll der Dichter mit dem König gehn
Refrainlied

„Ein Dichter will ich werden. Nur das Hohe
Sei Gegenstand für jene heil'ge Lohe,
Die mich durchglüht", – so war des Jünglings Flehn,
Ich will nicht Staub von Akten u. Pandekten,
Ich will nicht Streit von Kirchen, Raçen, Sekten, –
Es soll der Dichter mit dem König gehn.

Und hoch auf einem quietschetön'gen Bocke
Sitzt er im 4. oder 5. Stocke
Und schreibt u. schreibt, da läßt der Wirt sich sehn.
Er kommt um Miete (leider keine Mythe),
Doch war nicht Thoas auch ein rauher Skythe? –
Es soll der Dichter mit dem König gehn.

Ein jeder seiner Helden trägt die Krone,
Heinrich der Finkler und die drei Ottone
Sind ihm verfallen, eh sie sich's versehn.
Und nun Mathilde, Heinrich und Canossa
Und nun der ew'ge alte Barbarossa, –
Es muß der Dichter mit dem König gehn.

Er schreibt und schreibt, doch [es will sich nicht] verkaufen,
Das Glück war niemals mit den Hohenstaufen,
Auch er muß diese Wahrheit jetzt verstehn.
Nun denn, so werd ich preußisch-patriotisch,
Ich will doch sehn, und muß es sein, zelotisch, –
Es muß der Dichter mit dem König gehn.

Und nun geschieht's. Es rauscht in ganzen Wettern,
Auf ihn hernieder hört man's schmettern,
Er ist ein Gott, er kann gedruckt auf tausend Blättern stehn.
Ein Hofbeamter bringt ihm die Tantiemen,
Erst will er nicht, doch tut er sich bequemen, –
Es soll der Dichter mit dem König gehn.

Und endlich kommt der größte aller Tage,
Bei zwei Behörden schwankt die stille Waage,
Ob Titel oder Orden soll geschehn.
Hofrat ist schon zuviel für solche Masse,
Gebt ihm den Kronenorden 4ter Klasse, –
Es soll der Dichter mit dem König gehen.

1891

Dreihundertmal

Dreihundertmal hab ich gedacht:
Heute hast du's gut gemacht,
Dreihundertmal durchfuhr mich das Hoffen:
Heute hast du ins Schwarze getroffen,
Und dreihundertmal vernahm ich den Schrei
Des Scheibenwärters: „Es ging vorbei."
Schmerzlich war mir's dreihundertmal; –
Heute ist es mir egal.

1891

Neueste Väterweisheit

„Zieh nun also in die Welt,
Tue beharrlich, was dir gefällt,
Werde keiner Gefühle Beute,
Meide sorglich arme Leute,
Werde kein gelehrter Klauber,
Wissenschaft ist fauler Zauber,
Sei für Rothschild statt für Ranke,
Nimm den Main und laß die Panke,
Nimm den Butt und laß die Flunder,
Geld ist Glück, und Kunst ist Plunder,
Vorwärts auf der schlechtsten Kragge,
Wenn nur unter großer Flagge.

Pred'ge Tugend, pred'ge Sitte,
Millionär ist dann das dritte,
Quäl dich nicht mit ‚wohlerzogen'.
Vorwärts mit den Ellenbogen,
Und zeig jedem jeden Falles:
‚*Du* bist nichts, und *ich* bin alles.'"

1891/97

Die Alten und die Jungen

„Unverständlich sind uns die Jungen"
Wird von den Alten beständig gesungen;
Meinerseits möcht ich's damit halten:
„Unverständlich sind mir die Alten."
Dieses Am-Ruder-bleiben-wollen
In allen Stücken und allen Rollen,
Dieses Sich-unentbehrlich-vermeinen
Samt ihrer „Augen stillem Weinen",
Als wäre der Welt ein Weh getan, –
Ach ich kann es nicht verstahn.
Ob unsre Jungen, in ihrem Erdreisten,
Wirklich was Besseres schaffen und leisten,
Ob dem Parnasse sie näher gekommen
Oder bloß einen Maulwurfshügel erklommen,
Ob sie, mit andern Neusittenverfechtern,
Die Menschheit bessern oder verschlechtern,
Ob sie Frieden sä'n oder Sturm entfachen,
Ob sie Himmel oder Hölle machen, –
Eins läßt sie stehn auf siegreichem Grunde:
Sie haben den Tag, sie haben die Stunde;
Der Mohr kann gehn, neu Spiel hebt an,
Sie beherrschen die Szene, *sie* sind dran.

1892/4

79

Mein Leben, ein Leben ist es kaum

Mein Leben, ein Leben ist es kaum,
Ich geh durch die Straßen als wie im Traum.
Wie Schatten huschen die Menschen hin,
Ich selber ein Schatten dazwischen bin.
Und im Herzen tiefe Müdigkeit,
Alles mahnt mich, es ist Zeit.

1892(?)

Leben

Leben; wohl dem, dem es spendet
Freude, Kinder, täglich Brot,
Doch das Beste, was es sendet,
Ist das Wissen, daß es endet,
Ist der Ausgang, ist der Tod.

1892/98

Tu ich einen Spaziergang machen

Tu ich einen Spaziergang machen,
Beschäft'gen mich immer allerlei Sachen.
In das Kommende sich versenken,
Tod und Sterben überdenken,
Gibt es so was wie Fortschritt auf Erden,
Oder werden wir alle russisch werden,
Sollen wir was für den Himmel tun,
Alle diese Fragen ruhn,
Immer nur allerkleinste Sachen
Dürfen einen Anspruch machen.
Warum sind Müllers ausgeblieben?
Warum hatte Schulze nicht geschrieben?
Werd ich der Meyer im Park begegnen?

Wird es schön Wetter oder wird es regnen?
Und im immer weitern Schreiten
Wechseln so die Nichtigkeiten.

1892/98

Drehrad

Heute, Sonntag, hat einer ein Lied gedichtet,
Morgen, Montag, wird wer hingerichtet,
Dienstag verdirbt sich ein Prinz den Magen,
Mittwoch wird eine Schlacht geschlagen,
Donnerstag habe ich Skatpartie,
Freitag stirbt ein Kraftgenie,
Samstag wird überall eingebrochen,
Und so geht es durch viele Wochen:
Bilder, blaue, rote, gelbe,
Aber der Inhalt bleibt derselbe.

1892/98

Immer eigensinniger und verstockter

„Immer eigensinniger und verstockter
Wirst du, … so frage doch den Dokter,
So lange man lebt, muß man doch leben,
Du huste[s]t, 's muß doch am Ende was geben,
Einen Brunnen, ein Bad, eine Medizin,
Sulfonal oder Antipyrin,
Massage, Kneipp, Kaltwasserkur,
Versuch doch irgend etwas nur,
Davos oder Nizza, Sylt oder Föhr,
Oder bloß auch Mampes Magenlikör.“

So stürmt es zu Zeiten auf mich ein,
Ich nehm es hin, ich steck es ein,
Ich denke der Szene, die jahrauf, jahrab
Ich halbjährlich mit meinem Schuhmacher hab,
Ich zeig ihm dann ein Stiefelpaar,
Das in Ehren gedient seit manchem Jahr,
Und will ihn, während Zigarren glimmen,
Zu 'nem Riester für den Stiefel bestimmen.
Er aber dreht bloß hin und her
Den Stiefel und lächelt: „Wirklich, es lohnt sich nicht mehr."

1892/98

Summa summarum
oder
Alles in allem

Eine kleine Stellung, ein kleiner Orden
(Fast wär ich auch mal Hofrat geworden),
Ein bißchen Namen, ein bißchen Ehre,
'ne Tochter „geprüft", ein Sohn im Heere,
Mit 70 'ne Jubiläumsfeier,
Artikel in Brockhaus und in Meyer.
Altpreußischer Durchschnitt. Summa Summarum,
Es drehte sich alles um Lirum Larum,
Um Lirum, Larum Löffelstiel,
Alles in allem, es war nicht viel.

1892/98

Umsonst

Immer rascher fliegt der Funke,
Jede Dschunke und Spelunke
Wird auf Wissenschaft bereist,
Jede Sonne wird gewogen,

Und in Rechnung wird gezogen,
Was noch sonnenjenseits kreist.

Immer höhre Wissenstempel,
Immer richt'ger die Exempel,
Wie Natur es draußen treibt,
Immer klüger und gescheiter,
Und wir kommen doch nicht weiter,
Und das Lebensrätsel bleibt.

1892/98

Als ich 75 wurde
An meinem 75ten

Hundert Briefe sind angekommen,
Ich war vor Freude wie benommen,
Nur etwas verwundert über die Namen
Und über die Plätze woher sie kamen.

Ich dachte, von Eitelkeit eingesungen:
Du bist der Mann der „Wanderungen",
Du bist der Mann der märk'schen Geschichte,
Du bist der Mann der märk'schen Gedichte,
Du bist der Mann des Alten Fritzen
Und derer die mit ihm bei Tafel sitzen,
Einige plaudernd, andere stumm,
Erst in Sanssouci, dann in Elysium;
Du bist der Mann der Jagow und Lochow,
Der Stechow und Bredow, der Quitzow und Rochow,
Du kanntest keine größren Meriten
Als die von Schwerin und vom alten Zieten,
Du fandst in der Welt nichts so zu rühmen
Als Oppen und Groeben und Kracht und Thümen,
An der Schlachten und meiner Begeisterung Spitze
Marschieren die Pfuels und Itzenplitze,

83

Marschierten aus Uckermark, Havelland, Barnim
Die Ribbecks und Kattes, die Bülow und Arnim,
Marschierten die Treskows und Schlieffen und Schlieben,
Und über alle hab' ich geschrieben.

*

Aber die zum Jubeltag da kamen,
Das waren doch sehr andre Namen.
Auch „sans peur et reproche", ohne Furcht und Tadel,
Aber fast schon von prähistorischem Adel:
Die auf „berg" und auf „heim" sind gar nicht zu fassen,
Sie stürmen ein in ganzen Massen,
Meyers kommen in Bataillonen,
Auch Pollacks und die noch östlicher wohnen,
Abram, Isack, Israel,
Alle Patriarchen sind zur Stell,
Stellen mich freundlich an ihre Spitze,
Was sollen mir da noch die Itzenplitze!
Jedem bin ich was gewesen,
Alle haben sie mich gelesen,
Alle kannten mich lange schon,
Und das ist die Hauptsache – „kommen Sie, Cohn".

1894

Arm oder reich

„Sagen Sie, sind Sie dem lieben Gold
In der Tat so wenig hold,
Blicken Sie wirklich, fast stolz, auf die Hüter,
Aller möglichen irdischen Güter,
Ist der Kohinoor, dieser ‚Berg des Lichts‘,
Ihnen allen Ernstes nichts?"

So stellen zuzeiten die Fragen sich ein,
Und ich sage dann „ja" und sag auch „nein".

Wie meistens hierlandes die Dinge liegen,
Bei dem Spatzenflug, den unsre Adler fliegen
(Nicht viel höher als ein Scheunentor),
Zieh ich das Armsein entschieden vor.

Dies Armsein ist mir schon deshalb genehmer,
Weil für den Alltag um vieles bequemer.
Von Vettern und Verwandtenhaufen
Werd ich nie und nimmer belaufen,
Es gibt – und dafür will Dank ich zollen –
Keine Menschen, die irgendwas von mir wollen,
Ich höre nur selten der Glocke Ton,
Keiner ruft mich ans Telefon,
Ich kenne kein Hasten und kenne kein Streben
Und kann jeden Tag mir selber leben.

Und doch, wenn ich irgend etwas geschrieben,
Das, weil niemand es will, mir liegen geblieben,
Oder wenn ich Druckfehler ausgereutet,
Da weiß ich recht wohl, was Geld bedeutet,
Und wenn man trotzdem, zu dieser Frist,
Den Respekt vor dem Gelde bei mir vermißt,
So liegt das daran ganz allein:
Ich finde die Summen hier immer zu klein.

Was, um mich herum hier, mit Golde sich ziert,
Ist meistens derartig, daß mich's geniert;
Der Grünkramhändler, der Weißbierbudiker,
Der Tantenbecourer, der Erbschaftsschlieker,
Der Züchter von Southdownhammelherden,
Hoppegartenbarone mit Rennstallpferden,
Wuchrer, hochfahrend und untertänig –
Sie haben mir alle viel viel zu wenig.

Mein Intresse für Gold und derlei Stoff
Beginnt erst beim Fürsten Demidoff,
Bei Yussupoff und bei Dolgorucky,
Bei Sklavenhaltern aus Süd-Kentucky,
Bei Mackay und Gould, bei Bennet und Astor,
– Hierlandes schmeckt alles nach Hungerpastor –
Erst in der Höhe von Van der Bilt
Seh ich *mein* Ideal gestillt:
Der Nil müßte durch ein Nil-Reich laufen,
China würd ich meistbietend verkaufen,
Einen Groß-Admiral würd ich morgen ernennen,
Der müßte die englische Flotte verbrennen,
Auf daß, Gott segne seine Hände,
Das Kattun-Christentum aus der Welt verschwände.
So reich sein, *das* könnte mich verlocken –
Sonst bin ich für Brot in die Suppe brocken.

1895

In der Koppel

Vom Bahnhof bis in das nächste Dorf,
Durchs Luch hin, zwischen Gras und Torf,
Zwischen Ellern und Weiden, hellen und dunkeln,
Zwischen rotem Ampfer und gelben Ranunkeln,
Läuft heute, hell im Sonnenstrahl,
Der elektrische Bahnzug zum ersten Mal.
Kein Mann am Ventil, am Wasserhahne,
Kein grauer Qualm, keine schwarze Fahne,
Kein Husten und Prusten, sonnenbeschienen
Gleitet der Wagenzug über die Schienen.
Sonnenbeschienen und still und stumm,
In der Koppel die Pferde sehen sich um,
Und das junge Volk, es drängt sich dicht
An die Hürde heran, und eines spricht:
Onkel spricht immer von unsrer traurigen Lage,

Sie sei so traurig, nichts wie Plage,
Wir müßten uns quälen, wir müßten uns schinden.
Ich kann unsre Lage so traurig nicht finden.
Frühling, Sommer haben wir diese Koppel,
Im Herbste haben wir Halm und Stoppel,
Und wenn sie beständig so weiterbaun
Und zwischen Rathenow, Friesack und Naun
Immer so ruhig weiterfahren,
So können wir jede Sorge uns sparen,
Worüber Onkel immer brummt,
Gibt's kein Geschirr mehr und kein Kumt,
Onkel ist spack und verdrießlich geworden
Und denkt bloß immer, sie wollen uns morden.

Als das Fohlen so sprach in seinem Kreise,
Nähert von links her ein Wallach sich leise,
Das war der Onkel. Der sprach: Ihr all beid,
Ihr seid jung und dumm und wißt nicht Bescheid.
Als der Dampfzug kam, war das ein Hallo,
Da dacht ich als Fohlen ebenso:
„Nun wird es besser, nun ausgehalten",
Aber schließlich blieb alles beim alten,
Unser Unglück ist, wir passen ihnen,
Da müssen wir immer weiter dienen
In hunderttausend dummen Sachen,
Draus Pferd und Wallach sich gar nichts machen,
Wenn sie Hasen oder Füchse jagen,
Müssen wir grade wie sonst uns plagen,
Wenn sie wetten und mit ihrem Hopphopp prahlen,
Wir müssen wie früher die Zeche bezahlen,
Und wenn sie mogeln und dann sich streiten,
Müssen wir nach wie vor die Attacke reiten,
Und werden wir steif, bleibt's nach wie vor faul,
Unser letztes ist immer Droschkengaul.

1895

Zeitung

Wie mein Auge nach dir späht,
Morgens früh und abends spät.

Die besten Plätze sind alle leer,
Was noch lebt, gefällt mir nicht mehr.

Aber wie sie mogeln und sich betören,
Davon mag ich noch gerne hören,

Wie sie sich zanken und sich verhetzen,
Ist mir gar nicht zu ersetzen,

Stöcker, Hammerstein, Antrag Kanitz,
Edler zu Putlitz und Edler von Planitz,

Liu-Tang und Liu-Tschang,
Christengemetzel am Yang-tse-Kiang.

Wie sie mogeln und sich betören,
Davon will ich tagtäglich hören,

Und will mir, wenn sie ganz arg es treiben,
Vor Vergnügen die Hände reiben,

Und will aus dem Leitartikel erfahren
Die Gedanken des Sultans oder des Zaren.

Vielleicht entbehrt es des rechten Lichts,
Aber enfin, das schadet nichts,

Im ganzen ist es doch immer noch besser
Als ein Weisheitsschnitt mit eigenem Messer,

Und nichts kann mich so tief empören,
Als auf Zeitungsschreiber schimpfen zu hören.

Da stehn sie mit hochgetragenen Nasen,
„Aus deiner Zeitung? das sind ja Phrasen",

Die Kerle, die's schreiben, halb Füchse, halb Hasen,
Und was sie schreiben, sind elende Phrasen.

Aber nimm uns die Phrasen auch nur auf drei Wochen,
So wird der reine Unsinn gesprochen.

Und du, du suchst zwar krampfhaft zu lachen,
Du würdest keine Ausnahme machen.

1895

Die Balinesenfrauen auf Lombok

Unerhört,
Auf Lombok hat man sich empört,
Auf der Insel Lombok die Balinesen
Sind mit Mynheer unzufrieden gewesen.

Und die Mynheers faßt ein Zürnen und Schaudern,
„Aus mit dem Brand, ohne Zögern und Zaudern",
Und allerlei Volk, verkracht, verdorben,
Wird von Mynheer angeworben,
Allerlei Leute mit Mausergewehren
Sollen die Balinesen bekehren.
Vorwärts, ohne Sinn und Plan,
Aber auch planlos wird es getan,
Hinterlader arbeitete gut,
Und die Männer liegen in ihrem Blut.

Die Männer. Aber groß anzuschaun
Sind da noch sechzig stolze Fraun,
All eingeschlossen zu Wehr und Trutz
In eines Buddha-Tempels Schutz.
Reichgekleidet, goldgeschmückt,
Ihr jüngstes Kind an die Brust gedrückt
Hochaufgericht't eine jede stand,
Den Feind im Auge, den Dolch in der Hand.

Die Kugeln durchschlagen Trepp und Dach,
„Wozu hier noch warten, feig und schwach?"
Und die Türen auf und hinab ins Tal,
Hoch ihr Kind und hoch den Stahl
(Am Griffe funkelt der Edelstein),
So stürzen sie sich in des Feindes Reihn.
Die Hälfte fällt tot, die Hälfte fällt wund,
Aber jede will sterben zu dieser Stund,
Und die Letzten, in stolzer Todeslust,
Stoßen den Dolch sich in die Brust.

Mynheer derweilen, in seinem Kontor,
Malt sich christlich Kulturelles vor.

1895

Meine Reiselust
(früher und jetzt)

„Auf, hinaus in die weite Welt",
Drauf war mir ehdem der Sinn gestellt,
Mehr als Weisheit aller Weisen
Galt mir reisen, reisen, reisen;
Tsad-See, Kongo, Land der Zwerge,
Kapstadt und die Tafelberge,
Zulus, Nigger mit dickem Flunsche,
Mongolen umfaßt ich mit gleichem Wunsche,

Und Bürgers Lenore mit fliegenden Haaren,
Die so romantisch ums Morgenrot gefahren,
Ob *mit* ihm, ob *ohne*, – daß einer so fährt,
Erschien mir allein schon beneidenswert.
(Freiligrath und den „Löwenritt"
Nahm ich so nebenher noch mit.)
Nach Salas y Gomez wurd ich getrieben,
Wo der Mann die drei Schiefertafeln geschrieben.

Jetzt zwischen Link- und Eichhornstraße
Meß ich meine bescheidenen Maße,
Höchstens bis Königin Luise
Wag ich mich vor, umschreitend diese,
Bleib dann ein Weilchen noch in dem Bereiche
Des Floraplatzes am Goldfischteiche.
Der Wrangelbrunnen bleibt mir zur Linken,
Rechtsher seh ich Goethe winken.
Zuletzt dann vorbei an der Bismarckpforte
Kehr heim ich zu meinem alten Orte,
Zu meiner alten Dreitreppen-Klause,
Hoch im Johanniterhause. –
Schon seh ich grüßen, schon hör ich rufen –
Aber noch 75 Stufen.

1895

An ***
Mit „Die Poggenpuhls"

Das Glück ist kein Geschenk Gottes,
es ist nur ein Darlehn.

Berlin   Th. Fontane
                          19. Nov. 96

Was ich wollte, was ich wurde

Was ich mal wollte, was ich dann wurde,
Manchmal grenzt es ans Absurde.
Sprachen sprechen, tutti quanti,
Wollt ich à la Mezzofanti,
Reisen zum Chan zu zwei oder solo
Wollt ich mindestens wie Marco Polo,
Dazu dichten im Stile Dantes,
Prosa schreiben wie Cervantes
Und gemäß dem Schillerschen „Blonden"
Mein Aug erheben zu Kunigonden.
In Dichtung, in Liebe, wie die meisten,
Wünscht ich Erhebliches zu leisten.

All das wollt ich. Aber zur Zeit
Ach, wie bin ich davon so weit!
Leben zwingt uns, die Segel zu reffen,
Sechse treffen, sieben äffen.
Sprachen? An „comment [vous] portez-vous"
Reiht sich schüchtern „how do you do".
Reisen? Zwischen Treptow und Stralau
Fährt mein Kahn. Den Rest tut Kalau.
Aus den erträumten Orgelakkorden
Ist ein Tipptipp am Spinett geworden.

1898

Als ich zwei dicke Bände herausgab

„1200 Seiten auf einmal,
Und mit 78 (beinah ein Skandal),
Konntest es doch auf 4mal verteilen" –
    Ihr könnt es. Aber bei mir heißt's eilen,
    Allerorten umklingt mich wie Rauschen im
Wald:
    „Was du tun willst, tue bald."

1898

Bilder, Lieder und Balladen

Der Tower-Brand

Wenn's im Tower Nacht geworden, wenn die Höfe leer
und stumm,
Gehn die Geister der Erschlagnen in den Korridoren um,
Durch die Lüfte bebt Geflüster klagend dann, wie
Herbsteswehn,
Mancher hat im Mondenschimmer schon die Schatten
schreiten sehn.

Vor dem Zug, im Purpurmantel, silberweiß von Bart
umwallt,
Schwebt des sechsten Heinrichs greise, gramverwitterte
Gestalt,
Lady Gray dann, mit den Söhnen König Edwards an der
Hand; – –
Leise rauscht der Anna Bulen langes seidenes Gewand.

Zahllos ist das Heer der Geister, das hinauf, hinunter
schwebt,
Das da murmelt: „Fluch dir, Tower, dran das Blut der
Unschuld klebt;
Schutt und Trümmer sollst du werden!" Aber machtlos ist
ihr Fluch,
Ehern hält den Bau zusammen böser Mächte Zauberspruch.

Wieder nachtet's, wieder ziehn sie durch die Räume still
und weit,
Plötzlich stockt der Zug und schart sich um ein glimmend
Tannenscheit,

Dann geschäftig tragen Schnitzwerk, Fahnen, Fransen sie
                                                    herzu,
Und zur hellen Flamme schüren sie die matte Glut im Nu.

Wie das prasselt, wie das flackert! Einen sprüh'nden
                                            Feuerbrand
Nehmen sie zum nächt'gen Umzug jetzt als Fackel in die
                                                    Hand,
Weithin wird die Saat der Funken in den Zimmern
                                            ausgestreut,
Flammen sollen draus erwachsen; hei, der Fluch erfüllt
                                                sich heut!

Alles schläft; doch auf vom Lager springt im Nu der
                                            rasche Sturm,
Und er wirft sich in das Feuer, und das Feuer in den Turm,
An des Towers Felsenwände peitscht er schon das
                                            Flammenmeer,
Und den Segen drüber sprechend, wogt auf ihm das
                                                Geisterheer.

Doch, als ob das Salz der Tränen feuerfest die Wände
                                                    macht,
Wie wenn Blut der beste Mörtel, den ein Meister je erdacht, –
Seht, wie durstig auch die Flamme sich von Turm zu
                                                Turme wirft,
Hat sie doch, als wären's Becher, nur den Inhalt
                                                ausgeschlürft.

Wieder, wenn es Nacht geworden, wenn's im Tower leer
                                                und stumm,
Gehn die Geister der Erschlagnen in den Korridoren um,
Durch die Lüfte weht Geflüster, klagend dann wie
                                                Herbsteswehn,
Mancher wird im Mondenschimmer noch die Schatten
                                                schreiten sehn.

                                                    1844

Die Strandbuche

Hoch auf meerumbrauster Düne ragt in voller Maienpracht
Eine Buche; „Mutter" – ruft sie – „wieder kam das Meer
         bei Nacht,
Wieder hat's aus grünem Seetang viel der Kränze mir
         geschlungen,
Hat mir Bernsteinschmuck gespendet, und von Liebe viel
         gesungen.

Mutter, schilt es nicht Verführer, sag nicht, daß es treulos
         wär,
Treulos ist allein die Schwäche und gewaltig ist das Meer,
Hieltest du mich nicht umklammert, Mutter Erde,
         liebestrunken
Wär ich nachts, als es mich lockte, hin an seine Brust
         gesunken."

„Sturm herbei!" rief wild-aufjauchzend jetzt das liebesichre
         Meer,
Und auf hundert Wolkenrossen jagte schnaubend er einher;
„Auf! entwurzle mir die Buche, 's gilt, der Sehnsucht
         Schmerz zu kürzen,
Wär sie frei, sie würde selber sich in meine Arme stürzen.

Arme Törin, die des Meeres eitlen Liebesschwüren traut!
Jeder Tanne spend ich Bernstein, jede Buche nenn ich
         Braut;
Nicht um unerfüllte Hoffnung, um betrogne sollst du
         trauern,
Und der Liebe Wonne wird dich bald wie Todesfrost
         durchschauern."

Tiefes Schweigen; – aber plötzlich kracht die Buche,
         sturmgepackt,
Blätterstiebend stürzt sie nieder wie ein grüner Katarakt;

Laut erbrausend heißt sein neues Opfer jetzt das Meer
willkommen,
Hochaufschäumend hat's der Riese an die Wellenbrust
genommen.

„Weh, halt ein in deinem Rasen, das mich zu vernichten droht,
So entblättert nicht die Liebe, so entblättert nur der Tod!"
Doch die Leidenschaft des Riesen kennet nicht der Lieb
Erbarmen,
Und er spielt mit seinem Opfer, bis es tot in seinen Armen.

Aber dann, als ob er Abscheu gegen eine Leiche fühlt,
Hat er seiner Lüste Spielzeug wieder an den Strand gespült;
An dem Fuß der Düne, deren Gipfel einst der Baum
beschattet,
Hat die alte Mutter Erde ihr entführtes Kind bestattet.

1844

Maria Stuart
(Romanzen-Zyklus)

Ich habe menschlich, jugendlich gefehlt,
Die Macht verführte mich, ich hab es nicht
Verheimlicht und verborgen, falschen Schein
Hab ich verschmäht mit königlichem Freimut.
Das Ärgste weiß die Welt von mir, und ich
Kann sagen, ich bin besser als mein Ruf.

1. Maria Stuarts Weihe

Schloß Holyrood ist öd und still,
Der Nachtwind nur durchpfeift es schrill,
Es klirrt kein Sporn in Hof und Hall,
Nur finstres Schweigen überall.

Da plötzlich schwebt, in luft'gem Gang,
Ein hohes Weib die Hall entlang:
Ihr klares Aug strahlt ewig-jung
Vom Feuer der Begeisterung.

Zu Häupten ihr glüht Sternenschein,
Ihr Haar ist gold, – wer mag sie sein?
Sie kommt und bringt ihr Angebind
Im Saale drin dem Königskind.

Das Königskind, das heißt *Marie*;
Wie Liedes-Zauber umklingt es sie,
Als, neigend über die Wiege sich,
Die *Muse* spricht: „Ich weihe dich!"

Sie sprach es kaum, da – still und stumm
Entschwebet schon sie wiederum,
Und lachend schlüpfen lust'ge zwei
Jetzt in die Tür, an ihr vorbei.

Die eine trägt zu buntem Tand
Einen Pfauenfächer in blitzender Hand,
Es knistert die Seide, es bauscht ihr Kleid,
Das war die Dame „*Eitelkeit*".

Die andre, frech und üppig gar,
Trägt langes, aufgelöstes Haar,
Ihr Aug ist schwarz, nackt ihre Brust,
Das war die Dirne „*Sinnenlust*".

Sie neigen beide zur Wiege sich
Und kichern hell: „Wir weihen dich!"
Da huscht, und ihre Wang erblaßt,
Rasch in den Saal ein dritter Gast.

Wie Schatten schleicht er an der Wand,
Sein Kleid ist rot, rot seine Hand,
Er schaut sich um, sein Auge sticht,
Und messerscharf ist sein Gesicht.

Er neigt sich jetzt und spricht das Wort:
„Ich weihe dich zu Blut und Mord!"
Auf schreit im Schlaf das Königskind,
Und heller draußen pfeift der Wind.

Der Gast ist fort, doch her und hin
Wirft banger Traum die Schläferin.
Geweiht fürs Leben schlummert sie,
Die schöne schottische Marie.

spätestens 1847

2. David Rizzio

Herr Darnley reitet in den Wald, Lord Ruthven ihm zur
Seite;
Herr Darnley spricht: „Was frommt es mir, daß in den
Lenz ich reite?
Ich ritt hinaus, ein Schreckgespenst mir aus dem Sinn zu
schlagen,
Ihr aber, Ruthven, hastet Euch, ins Feuer Öl zu tragen."

Lord Ruthven streicht den roten Bart, als sei er des
zufrieden,
Er schweigt und denkt nur: ‚Wenn es heiß, soll man das
Eisen schmieden';
Seit an Marias Ohr er frech ein Liebeswort verloren,
Hat er der schönen Königin im Herzen Haß geschworen.

Er spricht kein Wort, beredter spricht sein Lächeln jetzt
und Schweigen,

Er sieht, von Schritt zu Schritt, das Blut in Darnleys
                                        Wange steigen;
Der ruft: „Sing aus dein Rabenlied, und spricht's wie
                                        deine Blicke,
Verdamm mich Gott, wenn ich den Fant nicht in die
                                        Hölle schicke!"

Lord Ruthven streicht den roten Bart; in heuchelndem
                                        Erstaunen
Spricht er: „Mein König zweifelt noch an dem, was alle
                                        raunen,
Er weiß nicht, was ein jeder weiß von Schottlands
                                        Königsstuhle,
Daß Heinrich Darnleys ehlich Weib des David Rizzio
                                        Buhle!"

Herr Darnley kehrt gen Edinburg, er hält vor seinem
                                        Schlosse:
„Lord Ruthven" – spricht er – „so's beliebt, *bleibt* Ihr mein
                                        Jagdgenosse,
Der Fuchs ist schlau, doch bärg er sich in *ihres* Kleides
                                        Falten,
Ich jag ihn auf, noch heute nacht will meinen Schwur ich
                                        halten."

                                *

Es glänzt der festgeschmückte Saal von Rittern wohl und
                                        Frauen,
Vor allen ist Maria doch als Königin zu schauen,
Sie läßt die Zeit bei Spiel und Tanz in raschem Flug
                                        enteilen,
Und nur ihr Gatte zögert noch, des Festes Lust zu teilen.

Die Kerzen und die Wangen glühn vor Freuden um die
                                        Wette,
Es schreitet an Lord Seytons Hand Maria zum Bankette,

Der Becher schäumt, Maria winkt, ein Saitenspiel zu
bringen,
Ihr Liebling Rizzio nimmt es hin und hebet an zu singen:

> Der König zog in finstrem Sinn
> Hinaus mit seinem Trosse;
> Nach blickt die schöne Königin
> Dem Reiter und dem Rosse.
>
> Und als des Waldes Laub und Moos
> Den König kaum erlaben,
> Da lockt sie schon auf ihren Schoß
> Den blonden Edelknaben.
>
> Sie streicht sein Haar, sie küßt so heiß
> Die Lippen ihm und Wangen,
> Die aber sind heut kalt wie Eis
> Und atmen kein Verlangen.
>
> Sie flüstert: „Lieber Knabe mein,
> Halt fester mich in Armen,
> Wir wollen eins zur Stunde sein,
> Das wird dein Herz erwarmen."
>
> Er aber spricht: „Mag heute nicht
> Fest herzen dich und pressen,
> Ich hatt zur Nacht ein Traumgesicht,
> Das kann ich nicht vergessen:
>
> Es trat der König vor mich hin,
> Als ich dich wollte küssen;
> Mir ist so bang, lieb Königin,
> Als würd ich sterben müssen …"

„So *stirb*, du buhlerischer Tor!" Herr Darnley ruft's
                                        dazwischen,
Es fegt im Nu sein Zornesblick die Gäste von den Tischen,
„Stirb denn und dank's im Tode mir, daß ich mit guter
                                        Klinge
Zu deinem bösen Bubenlied das letzte Verslein singe."

Es packt den Sänger Todesangst: in namenlosem Leide
Hält fest er, wie ein zitternd Kind, sich an Marias Kleide,
Die tritt, halb Furcht, halb Zorn im Blick, hervor, ihn zu
                                        bewahren,
Umsonst, schon ist des Königs Schwert ihm durch die
                                        Brust gefahren.

Es hält, die lange Nacht hindurch, Maria Totenwache,
Zum ersten Mal durchzieht ihr Herz der heiße Wunsch
                                        nach Rache;
Die Morgensonne sah den Schwur auf ihrer Lippe beben, –
Herr Darnley hat des Sängers Tod bezahlt mit seinem
                                        Leben.

                                        spätestens 1846

3. Maria und Bothwell

König Darnley liegt erschlagen,
Graf Bothwell hat es getan;
Sechs Lords von Schottland tragen
Die Leiche nach Sankt Alban,
Sie stellen bei Fackelscheine
Den Sarg an den Altar hin; –
Von Trauernden fehlt nur *eine*,
Maria, die Königin.

Die sitzet daheim im Schlosse,
In funkelnder Nische des Saals,
Auf dem Sammetpfühl ihr Genosse
Ist der Mörder ihres Gemahls;
Dem Lande kleidet die Trauer,
Der Königin kleidet die Lust,
Kalt-heiße Wonneschauer
Durchrieseln ihre Brust.

Sie spricht verlockenden Schalles:
„Nun komm und küsse dich rot,
Ich danke dir alles, alles,
Mein Leben und – *seinen* Tod;
O schau nicht so fragend und bange,
Schau lieber wie sonst mich an,
Leg ab die blasse Wange,
Getan ist, was getan."

Die Kerzen brennen wie lüstern
Und geben schwülen Hauch,
Immer leiser wird das Flüstern,
Nun schweigt das Flüstern auch,
Ihr Atem lodert zusammen,
Wie Glut und Glut sich mischt,
Bis mählich in Flackerflammen
So Lust wie Licht erlischt.

Still wird's; nur Mondeslichter
Durchhuschen noch bleich den Saal,
Es schlummern, wie Totengesichter,
Graf Bothwell und sein Gemahl.
Sie schlummern; des Windes Weise
Erstirbt im hohen Kamin,
An den Wänden, hastig-leise,
Schatten vorüberfliehn.

Und hastiger wird ihr Treiben,
Schon graut und dämmert der Tag,
Da schlägt's an die klirrenden Scheiben
Wie flatternder Flügelschlag;
Auf fahren die zwei vom Kissen,
Verstört an Haar und Sinn;
Im Traume ward wach ihr Gewissen,
Und es murmelt die Königin:

„Hilf, Himmel, ich sah die Meinen
Landflüchtig, der Zügel beraubt,
Der fallenden Krone des einen
Nach rollte sein fallendes Haupt,
Und wie Donner durch meine Seele
Ging zürnend das alte Lied:
Ich räch alle Schuld und Fehle
Bis in das vierte Glied."

Maria hat es gesprochen,
Graf Bothwell hört es kaum,
Seine Schläfe pulsen und pochen,
Er denkt an den eigenen Traum,
Er spricht unter Starren und Stocken:
„Sie grüßte, dann betete sie,
Ab schnitt ihr der Henker die Locken, – –
Ach, *deine* Locken, Marie."

Graf Bothwell hat es gesprochen,
Maria hört ihn kaum,
Ihre Schläfe pulsen und pochen,
Sie denkt an den eigenen Traum,
Stumm blicken die Buhlergatten
Sich an so blaß, so bang; –
König Darnleys blutiger Schatten
Schreitet den Saal entlang.

1851

4. Der sterbende Douglas
(Schlacht bei Langside. 1568)

Die Heere stießen aneinander; der Tag ist heiß, der
         Himmel finster,
Vom Hufschlag dröhnt weithin die Heide, rot tropft der
         Tau vom schwarzen Ginster;
Es blickt die schottische Maria von nahen Schlosses
         Fensterbrüstung,
Ihr Auge haftet auf dem Kampfe, doch in dem Kampf
         auf *einer* Rüstung.

Dem jungen Douglas folgt ihr Auge; sie fühlt ihr Herze
         höher schlagen,
Er ist's, der sechzehnjähr'ge Knabe, der aus dem Kerker
         sie getragen,
Er ist's, der ihr ein Heer geworben, und durfte doch um
         eins nicht werben,
Drum wirbt er jetzt um seinen Frieden und um das
         Glück, für sie zu sterben.

Wen tragen aus dem Kampfgetümmel sie dort auf
         zweiggeflochtner Bahre,
Das Antlitz weiß, und schwarz die Rüstung, und rot von
         Blut die blonden Haare?!
Der Douglas ist's: Erfüllung wurde des Hoffnungslosen
         einz'gem Hoffen,
Es hat ein Schwert von Murrays Mannen ins tiefste Leben
         ihn getroffen.

Da liegt er, auf gewirktem Teppich, jetzt an des alten
         Schlosses Stufen,
Maria neigt sich zu ihm nieder, ein Priester wird
         herbeigerufen,
Der reicht den Kelch ihm unter Tränen, er aber segnet diese
         Stunde,

Hätt langsam sonst verbluten müssen an seines Herzens
stiller Wunde.

Die Brust wird kalt, es stockt sein Atem, sein Auge scheint
vom Tod geschlossen;
Maria küßt die bleiche Stirne, die schon so frühe Ruhm
genossen:
Da spielt um seinen Mund ein Lächeln, auf glimmt ein
letzter Lebensfunken,
Dann ist er in Marias Arme zu letztem Schlaf
zurückgesunken.

spätestens 1846

Schön-Anne

1.

Schön-Anne strählt ihr schwarzes Haar
    Und hängt den Kopf in Trauer;
  Sie spricht: „Heut werd ich zwanzig Jahr
    Und Jugend hat nicht Dauer;
Wenn ich ein Herz noch finden soll,
Recht wie mein eignes liebevoll,
    So muß ich's balde finden."

Der Tag ist um; neugierig-bang
    Legt Anne sich die Karten:
„Ein Jahr noch!" ach, es ist so lang,
    Bis übers Jahr zu warten;
Sie seufzet: „Wär erst wieder Mai,
Nicht eher atm ich froh und frei,
    Bis ich ein Herz gefunden."

Das Jahr ist um, der Mai ist da
  Mit seinen Blumen allen,
Wohl mochte manchem, der sie sah,
  Die hübsche Dirn gefallen;
Doch Anne war ein Waisenkind,
Und wo nicht Hof und Truhe sind,
  Da hat die Lieb ein Ende.

Das Jahr ist um, und Anne spricht:
  „Gott, diese Herzensleere
Trag ich geduldig länger nicht,
  Und kostet's Ruf und Ehre;
Die Eltern hab ich kaum gekannt,
Niemals ein Herze mein genannt, –
  Ich *will* ein Herz besitzen."

Und als der Sonntagabend kam,
  Da ging sie hin zum Tanze,
Sie fragte nichts nach Schand und Scham,
  Und nichts nach ihrem Kranze, –
Sie suchte sich den Hübsch'sten aus
Und nahm ihn keck mit sich nach Haus; –
  Es war ihr fester Wille.

„Ich hab ein Recht!" Der eitle Wahn
  Ließ keinen Spott sie scheuen;
Sie sprach: „Ich weiß, was ich getan,
  Und nimmer soll's mich reuen;
Was mir das Leben schuldig ist,
Das soll mir nun in kurzer Frist
  Mein eigen Kind bezahlen."

2.

Und übers Dorf ging Jahr um Jahr,
    Auf schoß manch schlanke Tanne,
Sie aber, die „Schön-Anne" war,
    Heißt lang nun „Mutter Anne";
Jetzt, wenn im Krug brav' Tänzer sind,
Geht schon der schönen Anne Kind
    Im Sonntagsschmuck zu Tanze.

Was weint die Mutter Anne so
    Und stützt den Kopf in Sorgen?
Schlägt ihr das Mutterherz nicht froh
    An jedem neuen Morgen?
Die Tochter kommt vom Tanz nach Haus,
Die Mutter spricht: „Bliebst lange aus,
    Kind, halte dich in Ehren!"

Die Tochter zieht ein schnipp'sch Gesicht
    Und spricht: „Laß mich nur machen!
Ich dächt, ich hielt auf Ehr und Pflicht,
    Und – kann mich selbst bewachen;
Und wenn ich leicht und locker wär,
Es käm wohl nicht von ungefähr,
    Hat alles seine Gründe.

Du sagst mir oft, mein Vater sei
    Vor Jahren schon gestorben,
Doch hat mir manche Neckerei
    Den Glauben dran verdorben;
Wohl schuld ich dieses Leben dir,
Doch, weiß es Gott, oft wünsch ich mir,
    Ich wäre nicht geboren."

Sie spricht's, ihr schwarzes Auge glüht,
    Die Tür ist zugeflogen,
Und um die letzte Hoffnung sieht
    Arm-Anne sich betrogen;
Sie seufzt: „Das also ist der Lohn,
Um den ich allen Spott und Hohn
    Mein lebelang getragen!"

Dann aber betet sie bewegt:
    „Gott, es ist mein Verschulden!
Was uns dein Wille auferlegt,
    Geziemet uns zu dulden; –
Entsagen kann die wahre Lieb,
Es war die Selbstsucht, die mich trieb,
    Und bitter muß ich's büßen."

1846

Von der schönen Rosamunde
(Romanzen-Zyklus)

Rosamunda – Rosa mundi
(Rosamundes Grabschrift)

Erstes Kapitel
Wie König Heinrich Rosamunden findet

Der König Heinrich jagt im Wald
Mit Hof- und Jagdgesinde,
Es führt sein Ritt ihn alsobald
Auf eine weiße Hinde;
Und nach, durch Ginster und durch Porst,
Spornt er sein Roß, bis tiefer Forst
Das Tier in Schutz genommen.

Des Weges bar, durch Strauch und Dorn
Lenkt Heinrich jetzt den Schecken
Und ruft Hallo und stößt ins Horn,
Um Gegengruß zu wecken;
Wohl hört er, wie das Birkhuhn schwirrt,
Wie über ihm die Taube girrt,
Doch nichts von Hornesklängen.

Der Tag ist heiß. Es weht kein Hauch,
Und Roß und Reiter dürsten,
Kein Quell ist da, kein Brombeerstrauch
Beut seine Frucht dem Fürsten;
Der denkt wohl: „Wenn ich Wasser hätt,
So wahr ich ein Plantagenet,
Ich wög es auf mit Golde."

Da schnaubt sein Scheck, und noch einmal,
Wie wenn er Obdach wittert –
Und sieh, ein Schloß im Sonnenstrahl
Hell durch die Zweige zittert.
Schon halten Roß und Mann davor,
Und gastlich öffnet sich das Tor
Dem ungekannten Ritter.

Und in die Hall voll Waffenprunk
Ist Heinrich jetzt getreten
Und hat um Wasser, einen Trunk,
Den Graubart drin gebeten;
Der aber spricht: „An Cliffords Schwell
Labt man den Gast mit andrem Quell –
Schaff Wein uns, Rosamunde!"

Und alsobald die junge Maid
Ergreift die güldnen Kannen,
Sie grüßt den Gast in Sittsamkeit
Und schwebet leicht von dannen;

111

Ihr Haar ist blond, ihr Wuchs ist schlank,
Und Heinrich weiß der Irrfahrt Dank
Um solchen Findens willen.

Und jetzund wieder in den Saal
Tritt sie nach kurzem Gange,
Rot glüht der Wein im Goldpokal,
Und rot glüht ihre Wange;
Sie beut den Trunk mit Sitten dar,
Dem König aber wird fürwahr,
Als hätt er schon getrunken.

Und als er trinkt, da trinkt er nicht
Mit Lippe nur und Kehle,
Da trinkt sein Aug ihr Angesicht
In seine tiefste Seele;
Und eh die Maid sich abgewandt,
Ergreift er ihre weiße Hand,
Zum Danke sie zu küssen.

Da schau, von Simses Stuck und Kalk,
Gespornt an jedem Hacken,
Schießt Rosamundens Edelfalk
Auf seiner Herrin Nacken;
Er bläht sich auf in Tück und Trutz
Und hebt den Sporn zu Schirm und Schutz,
Voll Eifersucht im Herzen.

Doch ob er zürnt und ob er wetzt,
Den Kühnen zu verjagen –
Die Hand, sein Todfeind küßt sie jetzt
Trotz seiner Flügel Schlagen;
Schön Rosamunde schenkt ihm ein,
Und selig blickt der König drein,
Wie nie in seinem Leben.

Und auch dem Alten wird so warm,
An hebt ein tapfres Zechen,
Es zuckt ihm schier durch Herz und Arm,
Als sollt er Lanzen brechen,
Den Goldpokal, er stampft ihn auf,
Als wär's ein alter Degenknauf,
Und Blut statt Wein im Becher.

Der König schaut's und lohnt ihm drauf
Mit festlichen Turnieren,
Und gibt noch Schlachten in den Kauf
Mit Schotten und mit Iren;
Und wie so Strauß an Strauß sich drängt,
Da wohl an jedem Worte hängt
Die schöne Rosamunde.

Der alte Clifford aber längst
Den Becher still umkrampfte,
Er hört's nicht mehr, wie Heinrichs Hengst
Den Douglas einst zerstampfte;
Wohl aber, als der König schweigt,
Murrt er, sein Haupt in Gram geneigt:
„Daß einen Sohn ich hätte!"

Da auf vom Sitze springt sein Gast
Und ruft: „Der ist gefunden!
Gib mir das Kleinod, das du hast,
Die Hand von Rosamunden!
Zu gutem Schwert und gutem Roß
Ein junges Herz und altes Schloß,
Das ist es, was ich biete."

Der Alte sieht sein Kind erglühn
Vor Scham und Freud im Bunde;
Er weiß, wenn so die Rosen blühn,
Ward's Lenz im tiefsten Grunde.

So spricht er denn: „Mein Kind sei dein,
Und morgen soll die Hochzeit sein –
Wir brauchen keine Gäste!"

Zweites Kapitel
Wie König Heinrich Rosamunden gen Woodstock führt

Am dritten Tag, vor Cliffords Schloß
In abendlicher Stunde,
Hebt König Heinrich auf sein Roß
Die schöne Rosamunde.
Vom Priester gestern ward die Braut
Dem Ritter *Woodstock* angetraut –
So nannte sich der König.

Sie reiten in die Nacht hinein
Durch Tannenwald und Eichen,
Noch vor des Frührots erstem Schein
Schloß Woodstock zu erreichen.
Im Laube spielt des Mondes Licht –
Sie schaun sich still ins Angesicht,
Und haben keine Worte.

Es regt sich nichts, nicht Blatt, nicht Ast,
Kein Ton von Nachtigallen,
Es glaubt das Ohr, es höre fast
Die Mondesstrahlen fallen;
So klar-durchsichtig ist die Luft,
Man sieht der Nachtviole Duft
Wie Wölkchen aufwärts steigen.

Der Wald, im Silberglanze, weckt
Des jungen Weibes Bangen,
Die Zweige hat er ausgestreckt,
Als wollt er sie umfangen.

Sie denkt an manche alte Mär,
Und, ob im Zauberwald sie wär,
Wohl zuckt's durch ihre Seele.

Doch bald an Heinrichs Brust, so warm,
Wird bar sie jeden Kummers,
Und zwiefach ruht sie jetzt im Arm
Des Gatten und des Schlummers;
Mit Schleiern deckt der Mond sie zu,
Und Heinrich wacht ob ihrer Ruh,
Als gält es seine Krone.

Sie träumt, und mit dem Rot der Scham
Schmückt ihr der Traum die Wangen,
Bis plötzlich, schneller als es kam,
Das Rot dahingegangen.
Sie zittert, windet sich und ringt,
Und aus der tiefsten Seele dringt
Es bang, wie Schrei des Todes.

Auf fährt sie jäh und starrt zur Seit,
Wie fremd auf ihren Gatten,
Bis vor der lichten Wirklichkeit
Entfliehn die Traumesschatten;
In Heinrichs Aug ein selig Schaun
Löst bald ihr Bangen all und Graun
In Tränen auf und Lächeln.

„Mir träumte" – spricht sie jetzt – „ich ging
Im Walde Beeren naschen,
Auf flog ein bunter Schmetterling,
Dem folgt ich, ihn zu haschen;
Mir war so froh, so leicht zu Sinn,
Ich lief nicht mehr, ich flog dahin,
Von Duft und Klang getragen.

Da plötzlich vor mir standest du,
Geschmückt mit goldner Spange,
Und neben dir, in satter Ruh,
Lag glitzernd eine Schlange;
Du schautest ängstlich, ob sie schlief,
Und sprachst dann leis: ‚Ihr Schlaf ist tief –
O komm, daß ich dich küsse!‘

Noch hing, an Leib und Seele frisch,
Ich fest an deinem Munde,
Da hob, aufbäumend mit Gezisch,
Die Schlange sich vom Grunde;
Ihr Haupt glich einem bösen Weib,
Sie schlang um mich den Schuppenleib
Und drückte mich zu Tode.“

Wohl füllten sie mit Angst und Scheu
Des Bilds Erinnerungen,
Und als sie schweigt, da hält aufs neu
Den Gatten sie umschlungen;
Sie küßt ihn heiß, mit Allgewalt,
Doch Heinrichs Kuß ist eiseskalt,
Und seine Lippe zittert.

Und erst als Cliffords schönes Kind
Ihn wie aus Traum gerüttelt,
Da spricht er: „Laß, der Morgenwind
War’s, der mich kalt durchschüttelt;
Doch schau, die Sonne kommt herauf,
Und dort das Schloß mit Turm und Knauf
Ist Woodstocks alt Gemäuer.“

Drittes Kapitel
Von der Königin Leonore

Des König Heinrichs Königin,
Die böse Leonore,
Sie starrt in finstrem Sinnen hin
Auf Towers Hof und Tore;
Sie sandte sieben Boten aus,
Doch keiner kehrte noch nach Haus,
Der sichre Kunde brächte.

Sie sandte sieben Boten aus,
Die sollten rings erkunden,
Ob wo, in eines Köhlers Haus,
Der König Schutz gefunden;
Doch hofft sie still, daß rot von Blut
Im tiefsten Waldesgrund er ruht,
Von Mörderhand erschlagen.

So hofft und träumt die Königin
An hohen Fensters Flügel
Und greift in ihrem stolzen Sinn
Schon nach der Herrschaft Zügel;
Wohl sagt sie sich: ‚Du hoffst zu viel!'
Doch ist das nur ein Gaukelspiel,
Um so das Glück zu kirren.

Da sprengt der Sieben einer vor,
Weiß von des Renners Schaume,
Und sieh, die böse Leonor
Fährt auf aus ihrem Traume;
In tollem, aberwitz'gem Spott
Fleht, gotteslästernd, sie zu Gott
Um eine blut'ge Locke.

Der Diener naht, sein Herze freut
Sich, arglos, seiner Kunde:
„Der König lebt, ich sah ihn heut
In früher Morgenstunde.
Er hielt vor Woodstocks altem Schloß
Und hob ein blasses Weib vom Roß –
Ihr Haar war lang und golden."

„Daß du an ihrem goldnen Haar
Im nächsten Walde hingest,
Du Schurke, der du lerchenklar
Dein Rabenliedlein singest!
Wer gab dir nur die freche Stirn,
Daß du der buhlerischen Dirn
Vor Unsrem Ohr gedenkest!"

Und Rachepläne röten jetzt
Die Stirne ihr, die blasse,
All, was sie sinnt, ist wie gewetzt
An eifersücht'gem Hasse.
Scharf stechend fällt in ihren Saal
Die Sonne; jeden einzlen Strahl
Möcht sie zum Stoße zücken!

„Doch nein, es fall kein Tropfen Blut,
Kein nutzlos Blutvergeuden,
Sie lebe, lebe wohlgemut
All ihren süßen Freuden;
Doch nimmt sie je das Abendmahl,
Gedrückt von ihrer Sünden Zahl,
Mein Priester soll's ihr reichen."

Sie spricht's und schlingt in stiller Lust
Die Fäden ohne Säumen,
Dieweil in Woodstock, Brust an Brust,
Noch ihre Opfer träumen:

Dort Frühling noch und Sonnenlicht,
Hier aber türmen hoch und dicht
Sich schon die Wetterwolken.

Viertes Kapitel
König Heinrich und Rosamunde in Woodstock

Schloß Woodstock ist ein alter Bau
Aus König Alfreds Tagen,
Man sieht es weithin stolz und grau
Die Tannen überragen;
Zu Füßen ihm ein Garten liegt,
Wie wohl ein blühend Kind umschmiegt
Das Knie des Ältervaters.

Der Garten ist an Blumen reich,
An Quellen und an Bronnen,
Und auf dem Rasen, teppichgleich,
Tanzt gern das Licht der Sonnen;
Doch finster an des Gartens Saum
Drängt sich urplötzlich Baum an Baum
Zu mächt'gem Forst zusammen.

In seine Tiefen glückt es nicht
Der Sonn ihr Licht zu senden,
Nur knisternd durch die Zweige bricht
Der Hirsch von sechzehn Enden;
Scheu folgt das Elen seiner Bahn,
Und kreischend lockt der Auerhahn
Herab vom Tannengipfel.

Am Waldrand, in des Gartens Näh,
Ist eine offne Stelle:
Es glitzert dort, halb Teich, halb See,
Im Sonnenstrahl die Welle;
Viel Erlen stehn am Uferrand,

Und wo die Quelle küßt den Sand,
Da sprießen blaue Blumen.

Und hier im duft'gen Wiesengrund,
Wo Wald und See sich grüßen,
Da sitzt die schöne Rosamund
Zu König Heinrichs Füßen:
Es ruht ihr Haupt auf seinem Schoß,
Und ihre Augen, blau und groß,
Schaun lächelnd in die seinen.

Ein frischer Bronnen ist ihr Mund,
Und Heinrichs Lippen senken,
Wie Krüge, tief sich auf den Grund,
Um so sein Herz zu tränken;
Doch wie solch Trunk ihn auch erquickt,
Aus seinen Augen finster blickt
Von Zeit zu Zeit die Seele.

Das junge Weib, es bangt und blaßt
Vor seines Auges Schatten,
Und sieh, ihr eignes Herz erfaßt
Der Trübsinn nun des Gatten;
Sie weint und ruft in bittrem Harm:
„Ist auch die Liebe selbst zu arm,
Ein *ganzes* Glück zu schaffen!

Was soll nur, Heinrich" – spricht sie fort –,
„Der Ernst in deinen Zügen?
Sag, will mein schlichtes Liebeswort
Dir fürder nicht genügen?
Ach, als ich dir mein Herze gab,
Gab ich dir all mein Gut und Hab –
Ich hab nichts mehr zu geben."

Sie spricht's, und sieh, ein Tropfen warm
Rollt über Heinrichs Wange:
Er preßt sie fester in den Arm
Und küßt sie heiß und lange;
Dann spricht er: „Was mir raubt die Ruh,
Du reines Herz, das bist nicht *du*,
Das ist mein bös Gewissen."

Er legt sie auf den Blumenplan,
Und kniend vor der Armen
Ruft er: „Was ich dir angetan,
Des woll sich Gott erbarmen!
Ich, der gefreit um deine Hand,
Bin König über Engelland
Und Leonorens Gatte."

Da flieht die letzte Rose scheu
Von Rosamundens Wangen,
Der König aber hält aufs neu
Voll Inbrunst sie umfangen;
Laut ruft er: „So du kannst, vergib,
Und sei mein Leben, sei mein Lieb,
So treu, wie ich dich liebe!"

Wohl durch die Tränen leuchtet da
Ihr Auge wie die Sonne:
Was immer sei, er liebt sie ja,
Und das allein ist Wonne.
Sie spricht: „Dein bin ich alle Zeit,
Und kostet's meine Seligkeit,
Es soll kein Tod uns trennen!"

Da heben ringsum alsobald
Die Vöglein an zu singen,
Es will das Rauschen in dem Wald
Wie Orgelton erklingen.
Der König still sein Liebchen preßt,
Und seiner Seele Hochzeitsfest
Hat nur der Wald vernommen.

Fünftes Kapitel
Wie König Heinrich gen London zieht

Noch blitzt die Sonne kaum ins Tal,
Auf Woodstocks Turm und Tannen,
Da zieht im ersten Morgenstrahl
Der König schon von dannen;
Ihn grüßend von des Söllers Rand
In weißem, flatterndem Gewand
Steht Cliffords schöne Tochter.

Wie Marmor leuchtet in die Au
Ihr Nacken, der entblößte,
Mit Perlen schmückt der Morgentau
Ihr Haar, das aufgelöste.
Sie blickt herab, er blickt hinauf,
Und jeder möcht in heißem Lauf
Dem eignen Blicke folgen.

Wie ausgesetzte Schiffer bang
Am Felsenufer harren
Und auf das flücht'ge Schiff noch lang
Sehnsücht'gen Auges starren –
So blickt vom Turm jetzt in den Wald
Auf Heinrichs schwindende Gestalt
Die schöne Rosamunde.

Er aber gleicht dem Schiffer gut,
Dem nichts das Auge feuchtet,
Solang ihm noch durch Sturm und Flut
Des Liebchens Fenster leuchtet.
Nun aber wird's ihm bang fürwahr:
Noch einmal blitzt ihr goldnes Haar,
Es blitzt – und ist verschwunden.

Doch Waldesduft und Morgenschein
Sind keine Grillenfänger,
Und auch des Königs Traurigsein,
Sie dulden es nicht länger.
Tautropfen glänzen hier und dort,
Die Sonne sieht's und küßt sie fort, –
Sie will heut keine Tränen.

Die Lerchen flattern her und hin,
Und Heinrich hört sie singen:
„Nur frischer Mut und froher Sinn
Darf in den Himmel dringen."
Des Waldes Tauben girren laut:
„Ein Herz, das liebt und Gott vertraut,
Lacht wie die Maiensonne."

Da denkt der König: ‚Sei gescheit
Und laß all trübes Sinnen!
Der Trennung Zeit ist böse Zeit,
Doch wird sie drum verrinnen.
Traun, wer nicht will von dannen gehn,
Der bringt sich selbst ums Wiedersehn –
All Leid hat seine Freude.'

Er denkt's; und als an Wald und Sumpf
Er jetzt vorübertrottet,
Da wähnt er wohl mit Stiel und Stumpf
Die Sorgen ausgerottet;
Manch Lied ihm aus der Kehle schallt –
Bis nun durch Londons Gassen hallt
Der Hufschlag seines Schecken.

Schon kauern rings die Häuser, dicht
Gehüllt in nächt'ges Dunkel,
Nur hier und dorten glüht ein Licht,
Wie bösen Aug's Gefunkel.
Das finstre Bild der Königin
Tritt da vor Heinrichs Seele hin
Und löscht die heitren Bilder.

Und alsobald durchklirrt sein Schritt
Des Towers Hof und Tore:
Und aus der Hall entgegen tritt
Sein Weib ihm, Leonore.
Sie spricht und blickt ihn tückisch an:
„Willkomm, willkomm, Herr Jägersmann,
Nach manchem Tag willkommen!

Ich wett, du hast wie Ritter Jürg
Lindwurm und Molch getötet,
Zehn Meilen Forst, des bin ich Bürg,
Hast du mit Blut gerötet;
Wie, oder hätt im Woodstock-Gau
Waldfräulein dich und Heidefrau
Bis diesen Tag bewirtet?"

Der König drauf: „Waldfräulein frisch,
Wohl hab ich das gefunden,
Und Speis und Trank von ihrem Tisch,
Die machten mich gesunden;

Doch frägst du nach dem Heideweib?
Ihr glühes Aug, ihr welker Leib
Ist andren Orts zu finden."

Der König spricht's, ein leiser Spott
Fliegt über seine Züge;
Dann ruft er stolz: „Verhüt es Gott,
Daß ich dich feig belüge!
Ich schulde dir nicht Treu noch Dank:
Waldfräulein blond, Waldfräulein schlank
Ist Cliffords schöne Tochter."

Er spricht's, und als in Haß und Zorn
Jetzt ihre Augen blitzen,
Da ruft er laut: „Es soll kein Dorn
Je ungestraft sie ritzen!
Dein Blick ist Dolch, dein Wort ist Gift –
Und wenn des Himmels Blitz sie trifft,
Du stirbst, denn du bist schuldig!"

Der König spricht's; er tritt heran
Zu hohen Fensters Nische
Und zieht in langen Zügen dann
Die Nachtluft ein, die frische;
Sein Aug ist trüb, sein Herz ist fern –
Hernieder blickt der Abendstern,
Wie Rosamundens Auge.

Sechstes Kapitel
Wie König Heinrich gen Frankreich zieht
und was weiter geschah

Und Heinrich, sieben Tage lang
Hält's ihn in Londons Mauern;
Wohl mocht ihm jeder Stunde Gang
Wie Lauf des Jahres dauern;

Nun aber hält's ihn länger nicht,
Und schüttelnd ab all Last und Pflicht,
Fliegt er zu Lohn und Liebe.

Daheim sein Thron und Herrscheramt
Ward Kerker ihm und Frone:
Nur hier, wo Seel in Seele flammt,
Trägt Zepter er und Krone.
Hier ist er reich, *dort* ist er arm –
Ein einzig Herze, treu und warm,
Ist mehr als Erd und Himmel.

So flieht die Zeit. Des Herbstes Näh
Färbt kaum die Bäume gelber,
Da kommt in seinem Kleid von Schnee
Auch schon der Winter selber;
Doch immerdar, wie Sturm auch tost,
Des Königs Ziel, des Königs Trost
Bleibt Woodstock allerwegen.

Und Frühling wird's: Schneeglöckchen nickt
Mit freundlicher Gebärde,
Das schüchtern stille Veilchen blickt
Blauäugig aus der Erde;
Und wie so drauß es grünt und blüht,
Da immer festre Kreise zieht
Schloß Woodstock um den König.

Heut aber trug ihn heim sein Roß,
Schon hält's im Tower stampfend,
Da sprengt ein Ritter durch das Schloß,
Vom langen Ritte dampfend;
Noch hemmt er kaum des Renners Lauf,
Da klingt es schon: „Auf, König, auf!
In Frankreich loht Empörung."

Der König hört's; sein Streitroß wild
Besteigt er statt des Schecken,
Er läßt mit Schienen sich und Schild
Von Kopf zu Fuß bedecken;
Er stülpt den Helm auf sein Barett
Und steckt, als ein Plantagenet,
Den Busch davor von Ginster.

Der Hengst springt an, schon dröhnt und hallt
Der Hof von Rosseshufen,
Da seinen Diener, treu und alt,
Läßt König Heinrich rufen;
Herab vom Rosse spricht er laut:
„Gen Woodstock, eh der Morgen graut,
Bring deines Königs Grüße."

Er spricht's, und durch den Tower hin
Ist kaum er jetzt gezogen,
Da tritt glührot die Königin
Zurück von Fensters Bogen;
Sie hat des Gatten Wort erlauscht,
Und ihres Kleides Seide rauscht
Mitzürnend in ihr Murmeln.

Dann spricht sie laut: „Und will, Gesell,
Mein Gold dich nicht bestechen,
So gibt's im Wald manch gute Stell,
Um, was nicht biegt, zu brechen:
Kein Wörtlein von des Königs Gruß,
Noch, daß im fernen Land sein Fuß,
Darf je nach Woodstock dringen.

Wohl wie nach Speis in Hungersnot
Wird sie nach Botschaft bangen,
Es soll kein Bröcklein Trostesbrot
Je zu ihr hin gelangen;

Ich bring ein köstlich Gift ihr bei,
Das *Zweifelgift* an seiner Treu –
Das muß das Herz ihr brechen."

Sie spricht's, und schreitet durch den Saal
Und kann nicht Ruhe finden:
Sie sieht in Ungewißheitsqual
Ihr Opfer schon sich winden;
Sie lacht: „Nun, Rosamunde fein,
Laß sehn, das wird ein Probestein
Für so ein Herz voll Liebe!"

Siebentes Kapitel
Wie Rosamunde hofft und harrt

Durch Woodstocks Laubengänge hin,
In heller Mittagsstunde,
Zieht nassen Aug's in trübem Sinn
Die schöne Rosamunde;
Sie tritt zu einer Ros heran
Und pflückt sie und zerpflückt sie dann –
Ein Tropfen fällt hernieder.

Da plötzlich springt – den dürren Leib
Behängt mit schmutz'gen Loden,
Rasch in den Gang ein Bettelweib,
Als wüchs es aus dem Boden;
Sie kreischt in widerlichem Ton:
„Gib nur die Hand, ich weiß es schon,
Du willst vom Liebsten wissen."

Sie nimmt die Hand und drückt sie nun –
Auf schreit Schön-Rosamunde;
Die Alte murmelt: „Soll ich's tun?
Kein Lauscher in der Runde!"
Dann aber läßt die Hand sie frei

Und spricht wie mitleidsvoll: „Vorbei!
Betrogen, Kind, betrogen!"

Das Bettelweib, kaum daß sie's sprach,
Ist wieder sie verschwunden,
Schön-Rosamunde starrt ihr nach,
Gelähmt und schreckgebunden;
In Lüften eine Lerche singt –
Sie hört es nicht, im Ohre klingt
Das Sprüchel ihr der Hexe.

Achtes Kapitel
Ein Sturm

Der Sturm will jagen: auf fährt er vom Sitz
In seinem zerklüfteten Schlosse,
Er ruft seinen Diener, den flüchtigen Blitz,
Und schwingt sich jauchzend zu Rosse;
Dann probt er die Kraft seiner nervigen Hand
Und schleudert die Tanne, die vor ihm stand,
Gleich einem Ball in die Lüfte.

Die Jagd hebt an: vom Felsenhorst
Stürzt er mit klaffender Meute
Und spürt in Schluchten und Urwaldforst
Nach tausendjähriger Beute.
Von Norden her saust er und braust er heran,
Und jetzt durch Woodstocks mächtigen Tann
Schrillt seine gellende Pfeife.

Es ächzt und stöhnt der geschüttelte Wald; –
Umsonst, ihn rettet kein Jammern!
Wie fest die Eiche sich klammert und krallt,
Zerbrochen werden die Klammern.
Und was von der Hand des Sturmes nicht fällt,
Das wird vom Speere des Blitzes zerspellt –
Tot liegen die Riesen des Waldes.

Und weiter geht es auf schnaubendem Roß,
Die Hufe stampfen und schlagen,
Verhängten Zügels an Woodstock-Schloß
Will er vorüber jagen:
Sieh, da stutzt er – an Söllers Rand
Steht ein Mädchen und hebt die Hand
Und ruft: „O komm, o rette!"

„O komm, o rette!" Er fängt es auf
Und trägt es fort in die Lüfte;
Mit Donnerstimme auf seinem Lauf
Ruft er's in Wälder und Klüfte;
Der schäumenden See jetzt schrillt er's ins Ohr,
Und die Wasser der Tiefe steigen empor
Und horchen: „O komm, o rette!"

„O komm, o rette!" An Frankreichs Strand
Gellt es der fliegende Reiter;
Die Städte hindurch, hin über das Land
Braust er weiter und weiter;
Da flattert's wie Linnen auf offenem Feld,
Und lauter an König Heinrichs Zelt
Ruft er: „O komm, o rette!"

Der König hört's; der rüttelnde Sturm
Entriß ihn finsterem Traume:
Er sah einen nagenden Totenwurm
An einem blühenden Baume –
Er denkt des Traumes und steigt zu Schiff,
Ihn kümmert nicht Woge, ihn kümmert nicht Riff,
Er hört nur: „Rette, rette!"

Neuntes Kapitel
Rosamundens Tod

Im Woodstock-Forst, nach Sturmesnacht,
Herrscht wieder tiefes Schweigen,
Nur einzle Tropfen fallen sacht
Von Blättern jetzt und Zweigen;
Und leis nur durch die Wipfel zieht
Von Zeit zu Zeit ein Klagelied
Um die geliebten Toten.

Am Waldrand, in des Gartens Näh,
Ist eine offne Stelle:
Es glitzert dort, halb Teich, halb See,
Im Mondlicht jetzt die Welle;
Viel Erlen stehn am Uferrand
Und wo die Welle küßt den Sand,
Da sprießen blaue Blumen.

Und hier im duft'gen Wiesengrund,
Wo Wald und See sich grüßen,
Da sitzt die schöne Rosamund
Den Erlen jetzt zu Füßen;
Es ruht ihr Haupt auf feuchtem Moos,
Und ach, ihr Aug ist tränenlos
Von vielem, vielem Weinen.

Wohin sie blickt, da wächst ihr Weh
Vor ihres Glückes Zeugen:
Nur tiefer müssen Wald und See
Die Tiefgebeugte beugen;
Und hier, wo Schwur um Schwur erscholl,
Durchzuckt sie's nun verzweiflungsvoll:
„Belogen und betrogen!"

Gen Himmel starrt ihr blaß Gesicht;
Dann, mit erhobnen Armen,
Ruft laut sie: „Gott, ich trag es nicht –
Ach, üb ein mild Erbarmen!"
Und alsobald, an tiefster Stell,
Auf Sees mondbestrahlter Well,
Treibt still die Lebensmüde.

Wie blond Gelock der Wasserfee
Durchfurcht ihr Haar die Fluten,
Und wie sie treibt, da scheint ihr Weh
Sich schmerzlos zu verbluten;
Im Tod versöhnt mit ihrem Leid,
Spricht still sie: „Dein in Ewigkeit!"
Und sinkt dann in die Tiefe.

*

Am dritten Tag, auf Malv und Mohn,
Da liegt in Sarges Grunde,
Mit Wangen, deren Rot entflohn,
Die schöne Rosamunde;
Um ihre Lippen spielt es mild,
Und wie ein lächelnd Kindesbild
Schläft ihren Schlaf die Tote.

Zu Seiten ihr, ohn Unterlaß
Und auf und ab im Saale,
Schwingt Knabenhand das Weihrauchfaß,
Gemäß dem Rituale;
Zu Häupten liest – gebückt und alt,
Von härenem Gewand umwallt, –
Der Priester seine Messen.

Zu Füßen aber, schattengroß
Im Abendsonnenscheine,
Steht König Heinrich, regungslos,
Gleich einem Bild von Steine;

Sein Aug ist starr, doch durch sein Herz
Zieht dieses Lebens höchster Schmerz:
Der Schmerz um alles Leben.

spätestens 1847

Silvester-Nacht

Das Dorf ist still, still ist die Nacht,
Die Mutter schläft, die Tochter wacht,
Sie deckt den Tisch, sie deckt für zwei,
Und sehnt die Mitternacht herbei.

Wem gilt die Unruh? wem die Hast?
Wer ist der mitternächt'ge Gast?
Ob ihr sie fragt, sie kennt ihn nicht,
Sie weiß nur, was die Sage spricht.

Die spricht: Wenn wo ein Mädchen wacht
Um zwölf in der Silvesternacht,
Und wenn sie deckt den Tisch für *zwei*,
Gewahrt sie, wer ihr Künft'ger sei.

Und hätt ihn nie gesehn die Maid,
Und wär er hundert Meilen weit,
Er tritt herein und schickt sich an,
Und ißt und trinkt, und scheidet dann. –

Zwölf schlägt die Uhr, sie horcht erschreckt,
Sie wollt, ihr Tisch wär ungedeckt,
Es überfällt sie Angst und Graun,
Sie will den Bräutigam nicht schaun.

Fort setzt der Zeiger seinen Lauf,
Niemand tritt ein, sie atmet auf,
Sie starrt nicht länger auf die Tür, –
Herr Gott, da sitzt er neben ihr.

Sein Aug ist glüh, blaß sein Gesicht,
Sie sah ihn all ihr Lebtag nicht,
Er blitzt sie an und schenket ein
Und spricht: „Heut Nacht noch bist du mein.

Ich bin ein stürmischer Gesell,
Ich wähle rasch und freie schnell,
Ich bin der Bräut'gam, du die Braut,
Und bin der Priester, der uns traut."

Er faßt sie um – ein einz'ger Schrei,
Die Mutter hört's und kommt herbei;
Zu spät, verschüttet liegt der Wein,
Tot ist die Tochter und – allein.

spätestens 1847

Chevy-Chase
oder
Die Jagd im Chevy-Forst

Gott schütz den König, unsren Herrn,
Und unser aller Leben;
Im Chevy-Walde hat sich einst
Wehvolle Jagd begeben.

*

Graf Percy von Northumberland,
Vor Taue noch und Tage
Zog aus er heut, mit Hund und Horn,
Daß er den Hirsch erjage.

Er schwur es jüngst an heil'ger Stätt
– Sorglos um Groll und Knirschen –,
Er woll drei Sommertage lang
Auf schott'schem Boden pirschen.

Er woll, was lebt im Chevy-Forst,
Mit Speer und Pfeil erlegen.
„Lord Douglas schütze, wenn er kann,
Den Hirsch in den Gehegen."

*

Lord Douglas, der in Schottland lag,
Als er das Wort vernommen,
Dem Percy-Grafen schwur er da
Ein blutiges Willkommen;

Der aber ist im Walde schon
Mit fünfzehnhundert Mannen,
Wohlausgesucht und wohlerprobt,
Den Bogen straff zu spannen.

Schon, von der Meute aufgeschreckt,
Flieht, was die Schlucht geborgen;
Ein Montag war's, noch halbe Nacht,
Es graute just im Morgen.

Und eh der Mittag kam, da lag
Haufweis das Wild erschlagen,
Doch rastlos, nach getanem Schmaus,
Begann ein neues Jagen.

Aufs neu durch Schlucht und Dickicht hin
Stob Huf und Hund nach Beute,
Und neuer Angstschrei mischte sich
Dem Lustgeheul der Meute.

Graf Percy nun war satt des Spiels
Mit Hirschen und mit Hinden,
Er sprach: „Lord Douglas gab sein Wort,
Hier soll' ich heut ihn finden.

Bei Gott, nicht länger harrt ich sein,
Dächt ich, er könn es brechen."
Da tät alsbald ein Ritter jung
Also zum Grafen sprechen:

„Schau, Herr, dort blitzt es durch den Wald,
Das ist er mit den Seinen,
Schau, wie im Mittagssonnenglühn
Die blanken Speere scheinen.

Zweitausend sind's vom Lauf des Tweed,
Aus Tälern und aus Glennen,
Und der vorauf ist Douglas selbst,
An Roß und Helm zu kennen."

„… Nun denn, wohlan!" rief Percy da,
„Dies Feld sei unsre Schranke,
Noch schlüpfte keiner mir hindurch,
Sei's Schotte oder Franke.

Das ist der Hirsch, den ich gesucht,
Nun lohnt es sich, zu jagen,
Es brennt mein Herz, Mann gegen Mann
Die Schlacht mit ihm zu schlagen."

Lord Douglas hört's und ruft ihm zu:
„Da soll mich Gott verderben,
So wahr ein Lord ich bin wie du,
Du oder ich muß sterben.

Doch hör' mich, Percy, Schande wär's
Und Schimpf an unsrem Leben,
So vieler Mannen schuldlos Blut
Mit in den Kauf zu geben.

Es sei all unser Streit gelegt
In unsre beiden Speere ..."
„Verdammt sei der", rief Percy da,
„Der andren Sinnes wäre ..."

Da trat ein Rittersmann herfür,
Withrington hieß der Degen,
Der sprach: „Hier müßig zuzuschaun,
Dran ist uns nicht gelegen.

Wir wollen nicht, dieweil ihr kämpft,
Hier Psalm und Lieder singen,
Und unsrem König Heinrich dann
In London Botschaft bringen.

Wohl seid ihr Lords und edle Herrn,
Und wir nur Knapp und Ritter,
Doch dächt ich traun, auch unser Schwert
Macht Wunden oder Splitter."

Da tat alsbald all englisch Volk
Den Eschenbogen biegen,
Und achtzig Schotten sanken hin
Von ihrer Pfeile Fliegen.

Lord Douglas aber, unbewegt,
Sitzt fest im Eisenbügel
Und kehrt zu seinen Mannen jetzt
Hoch auf des Waldes Hügel.

Schon stehn sie da, nach Kriegesart
Geteilt zu dreien Rotten,
Und nieder wie ein Hagel jetzt
Fährt Douglas mit den Schotten.

Das gab ein Stechen und ein Haun,
Manch breite Wunde klaffte,
Längst unser englisch Bogenvolk
Nicht mehr den Bogen straffte.

O Christ, es war für Herz und Sinn
Ein Leid, nicht auszusagen,
Wie stöhnend da in Sand und Blut
Die Menschenknäule lagen.

Und immer schwankte noch die Schlacht,
Da endlich – mit Gestampfe –
Ansprangen wie zwei Löwen jetzt
Die Führer selbst zum Kampfe.

Sie kämpften, bis vernehmbar fast
Ihr Herz im Busen klopfte,
Bis Blut und Schweiß von Brust und Stirn
Wie Regen niedertropfte.

„Ergib dich, Percy!" Douglas rief's,
„Ganz Schottland soll dich preisen,
Und König Jakob Ehr und Gunst
Am Throne dir erweisen."

Doch Percy stolz: „Da wollt' ich eh'
Wie Kraut am Sumpf verrotten,
Mein Wort ist nein und dreimal nein
Genüber jedem Schotten."

Da kam ein Pfeil aus unsern Reihn
Verrätrisch durch die Lüfte
Und bohrte tief in Douglas' Herz
Durch Rippe sich und Hüfte.

Er sank vom Roß, ein stiller Mann,
Graf Percy sah ihn enden
Und faßte dann des Toten Hand
Mit seinen beiden Händen.

„O Douglas", rief er, „solchen Siegs,
Des hat mein Herz nicht Labe,
Hin gäb ich für dein Leben jetzt
Mein Land und meine Habe."

Er sprach es kaum, da kam's wie Sturm
Durch Freund und Feind gestoben,
Den Leib zum Stoß weit vorgebeugt
Und hoch den Schild gehoben.

Wer ist's? Sir Ralph Montgomery.
Er sah den Douglas sinken,
Nun soll auch Percys Helmbuschzier
Nicht länger drohn und winken.

Und schleudernd jetzt den wucht'gen Schaft
Mit Hasses Kraft und Schnelle,
Durchfuhr die Lanze Percys Leib
Um eine Weber-Elle.

Hin sank der ritterlichste Held
Auf hufgestampfte Tenne,
Schon aber griff ein Bogenschütz
Nach Köcher und nach Senne.

Er spannte straff des Bogens Seil,
So straff, wie nie er's spannte,
Und drückte seinen längsten Pfeil
Scharf an die Eschenkante.

Lang zielt er so, daß sichren Flugs
Der Pfeil zum Herzen dringe,
Und feucht vom Blut des Schotten jetzt
Bebt in der Brust die Schwinge.

So fiel Sir Ralph Montgomery,
Und mit ihm sind gefallen
Auf beiden Seiten männiglich
Die Ritter und Vasallen.

Von zwanzighundert schott'schen Volks,
Die Schild und Speer genommen,
Kaum fünfundfünfzig, weh und wund,
Sind norderwärts entkommen.

Und unser Volk, nicht siegesfroh
Trug es den Sieg von dannen,
Nur dreiundfünfzig kehrten heim
Von fünfzehnhundert Mannen.

Die andern schliefen fest im Wald
Nach heißem Kampfgewühle,
Und Nachtwind nur und Mondenlicht
Glitt über ihre Pfühle.

*

Das war die Jagd im Chevy-Forst,
Wo Herr und Hirsch gefallen.
Gott schütz den König unsren Herrn
Und sei uns gnädig allen.

spätestens 1848

Edward, Edward

„Was blinket dein Schwert so rot von Blut,
  Edward, Edward?
Was blinket dein Schwert so rot von Blut
Und macht so trübe dich schreiten?"
„Ich hab erwürgt meinen Falken gut,
  Mutter, Mutter,
Ich hab erwürgt meinen Falken gut
Und hatte doch keinen zweiten."

„Deines Falken Blut war nimmer so rot,
  Edward, Edward,
Deines Falken Blut war nimmer so rot,
Dein Schwert ist dunkler gerötet; –"
„Ich hab erstochen mein rotbraun Roß,
  Mutter, Mutter,
Ich hab erstochen mein rotbraun Roß,
Im Zorne hab ich's getötet."

„Dein Roß war alt, das kann es nicht sein,
  Edward, Edward,
Dein Roß war alt, das kann es nicht sein,
Was tät deine Wang entfärben; –"
„Ich hab erschlagen den Vater mein,
  Mutter, Mutter,
Ich hab erschlagen den Vater mein,
Und mir ist weh zum Sterben!"

„Und so du büßest, was du getan,
  Edward, Edward,
Und so du büßest, was du getan,
Wo hoffst du Sühne zu finden?"
„Ich geh an den Strand und steig in den Kahn,
  Mutter, Mutter,
Ich geh an den Strand und steig in den Kahn
Und gebe mein Schiff den Winden."

„Und was soll werden aus Hall und Turm,
    Edward, Edward,
Und was soll werden aus Hall und Turm,
Wenn Wind und Welle dich wiegen?"
„Laß stehn, laß stehn, bis sie fallen im Sturm,
    Mutter, Mutter,
Laß stehn, laß stehn, bis sie fallen im Sturm,
Ich hab sie zum Letzten bestiegen."

„Und Weib und Kind, die du lässest zurück,
    Edward, Edward,
Und Weib und Kind, die du lässest zurück,
Was soll aus den Weinenden werden?"
„Laß sie betteln gehn nach Brot und Glück,
    Mutter, Mutter,
Laß sie betteln gehn nach Brot und Glück,
Ich seh sie nicht wieder auf Erden."

„Und deiner Mutter, was lässest du ihr,
    Edward, Edward,
Und deiner Mutter, was lässest du ihr,
Die dich unterm Herzen getragen?"
„Den Fluch der Hölle, den laß ich dir,
    Mutter, Mutter,
Die Tat war mein, doch du rietest sie mir,
Wir haben ihn beide erschlagen!"

1852

Robin Hood

1.

Liebe Herrn, horcht auf und habt mal Geduld,
Und lauf mir keiner davon; –
Ich will euch erzählen von Robin *Hood*,
Und vielleicht auch von Little John.

Zu Locksly, im lustigen Nottinghamshire,
Beginn ich mit meiner Geschicht,
Da bracht Robins Mutter den Robin zur Welt,
Und das andre – das weiß ich nicht.

Das aber weiß ich und hört es oft:
Sein Vater war Förster allda,
Er traf ins Schwarze, auf tausend Schritt,
Und das ist just nicht nah.

Mit Adam Bell und Will Clousdesly
Schoß er oftmals um die Wett,
Die mußten ihm zahlen vierzig Mark
In Gold und auf *ein* Brett.

Robins Mutter, die war John Gamwels Kind,
Der 'nen Wolf mit der Hand erwürgt
(Zu Coventry der Ochsenwirt
Hat mir's hundertmal verbürgt).

Und ihr Bruder hieß Gamwel von Gamwel-Hall,
Und sein altes Herz war frisch. –
Das weißeste Brot in Nottinghamshire,
Das kam auf seinen Tisch. –

Und sieh, Jung-Robin wuchs heran,
Zählte zwanzig Jahre bald,
Er hatte Vater und Mutter lieb,
Doch noch lieber den Sherwood-Wald.

Robins Mutter aber zum Vater sprach:
„Mein Liebster, der du bist,
Gern ritt' ich heute gen Gamwel-Hall
Und feierte Heiligen Christ.

Ich hab eine Lust, in Keller und Küch
So recht zur Hand zu gehn;
Auch hab ich den lieben Bruder mein
Seit Pfingsten nicht gesehn."

Vater Robin drauf: „Lieb Hanna, gewiß,
Meinen Braunen geb ich gern,
Nur nimm mir unsren Robin mit
Und zeig ihn dem alten Herrn;

Und grüß den Alten und küsse dazu
Die Kinder groß und klein,
Und wenn ihr alle recht lustig seid,
Lieb Hanna, so denke mein."

Er sprach's. Alsbald der Braune kam,
Gestriegelt und aufgestutzt!
Nur Robins Mutter und Robin selbst,
Die waren noch mehr geputzt.

Jung-Robin trug eine blaue Kapp
Und ein Schwert an seiner Seit,
Und die Mutter gar, die bauschte daher
Im Vierzig-Falten-Kleid.

Es war ein selbstgesponnenes Stück,
Und sie wußte sich was darin,
Und sie sah beinah so stattlich aus
Wie zu London die Königin.

Jung-Robin schwang in den Sattel sich,
Seine Mutter kletterte nach,
Sie sah den Braunen ängstlich an,
Vater Robin aber sprach:

„Lieb Hanna, laß, ich kenne sein Kreuz,
Zwei Reiter ist ihm Spiel,
Er trug schon sieben Scheffel Korn,
Und die wiegen doppelt so viel."

Er sprach's. Jung-Robin ritt im Schritt
Bis dicht an das Stadttor hin, –
Das Händeschütteln nahm kein End
Von Nachbar und Nachbarin;

Nun aber ging's auf den Braunen los
Zugleich mit Peitsch und Sporn,
Und Robin rief: „He, lauf einmal
Und verdiene dein Weihnachtskorn."

Sie kamen an. Das ganze Haus
Geriet wie außer sich,
Der Alte rief in einem fort:
„Lieb Schwester, wie freue ich mich!"

Am andern Morgen ging's zur Mess',
Dann aber ging's wieder nach Haus,
Sechs Tische standen da, wohlgedeckt,
Drauf dampfte der Weihnachtsschmaus.

Jede Tafel trug eine braune Gans,
Mit saftigen Äpfeln gefüllt,
Daneben Wildpret mit Schinken zumal,
In Eierteig gehüllt.

Sechs Lichter brannten; der Pfarrer vom Dorf
Sprach den Segen kurz und fromm, –
Dann aber rief Squire Gamwel selbst:
„Lieben Gäste, Gott willkomm!

Willkommen mir all in Gamwel-Hall,
Und nun seht, was die Küche briet,
Wer aber mein Märzbier trinken will,
Der singe zuvor ein Lied."

Da sangen sie all (denn das Bier war gut)
Aus voller Kehl und Brust, –
Squire Gamwel schlug den Takt dazu
Und weinte beinah vor Lust.

Er rief: „Hört nur, wie draußen der Wind
Den Regen ans Fenster schlägt,
Das ist die Zeit, wo das Menschengemüt
Einen Humpen mehr verträgt.

Lieb Hanna, hol uns den Stachelbeerwein,
Er zählt schon manchen Tag,
Und wirf mehr Holz noch in den Kamin,
Daß es lustiger knistern mag."

Und sie brachte das Holz und sie brachte den
Wein,
Und sie tranken wacker davon,
Und der Alte rief: „Nun kommt das Best,
Nun hol ich den Little John;

Little John, das ist der flinkeste Bursch
Zehn Meilen in der Rund:
Kopfstehn, Radschlagen und Gliederverdrehn,
Das versteht er aus dem Grund."

Little John trat ein; Jung-Robin rief:
„Nun flinkester Bursch, komm her!
Und springst du sieben Ellen weit,
So spring *ich* noch eine mehr."

Little John sprang sieben, Jung-Robin sprang acht,
Auf Zollbreit hielt er Wort,
Da rief der Alte: „So wahr ich leb,
Ich lasse dich nicht mehr fort.

Sei mir ein Sohn: wir haben hier auch
Fangmesser, Bogen und Pfeil,
Und mach ich mal die Augen zu,
So erbst du Kindesteil."

2.

Jung-Robin blieb. Der Frühling kam,
Auf sproßten die Veilchen, die blaun,
Die Lerche hatte mit Liedern zu tun,
Und die Schwalbe mit Nesterbaun;

Da rief Jung-Robin: „Nun komm, Little John,
Jeder Vogel ruft mich hinaus, –
Ich muß wieder heim in den Sherwood-Wald
Und sein grünes Blätterhaus."

Sie kamen zum Wald; sein Hüfthorn rasch
Führte Robin an den Mund, –
Da wuchsen, wie auf Zauberschlag,
Fünfzig Jäger aus dem Grund.

Er rief: „Grüß Gott euch, liebe Geselln!"
Und fragte sie her und hin;
Dann plötzlich schwieg er: aus Waldesnacht
Trat Jenny, die Schäferin.

Seine Sinne hatten sie nie gesehn,
Betroffen er vor ihr stand;
Sie trug in Strählen ihr schwarzes Haar,
Durchflochten mit rotem Band.

Sie trug ein Mieder, kornblumenblau,
An silbernen Spangen reich,
Und ihr Aug, umwölbt von dunkler Brau,
Blickte mild und mutig zugleich.

Er rief: „Willkommen, wer immer du seist!
Und suchest du unsren Schutz,
Beim Himmel, um deinen süßen Leib
Böt ich dem Könige Trutz."

Da lachte sie laut und rief: „Hab Dank!
Ich bin eine Warwick-Maid,
Und braucht ich Schutz, sieh diesen Pfeil
Und den Bogen an meiner Seit!"

Sie sprach es kaum, da brach mit Geräusch
Ein Reh durchs knickende Holz,
Sie rief: „Schau auf!" und mitten durchs Herz
Drang ihr gefiederter Bolz.

Jung-Robin sah's. „Und brauchest du nicht
Meines Arms" – so rief er laut –,
„So nimm meine Hand und mein Herz dazu
Und sei meine süße Braut.

Ich bin Robin Hood. Im Sherwood-Wald
Sollst du die Königin sein,
Was Bogen und Pfeil erreichen kann,
Ist alles, alles mein."

Wohl wurde sie rot und rief doch: „Ja!
Ja, und von Herzen gern,
Ich will dir folgen, wohin du gehst,
Und dir dienen als meinem Herrn.

Jetzt aber komm und geleite mich heim
In meines Vaters Haus,
Wir feiern heute das Kirchweihfest, –
Nun wird es mein Hochzeitsschmaus!"

Da brachen sie auf nach Titbury-Town,
Little John, der schritt voran,
Auf den Schultern er einen Rehbock trug,
Den man immer brauchen kann.

So ging's feldein. Schon grüßte der Turm
Von Titbury ganz in der Näh,
Da sperrten fünf Burschen ihnen den Weg
Und schrieen: „Gebt uns das Reh!"

Ihre Messer blitzten. Da lachten laut auf
Robin Hood und Little John,
Sie schlugen zwei von den Strolchen tot,
Die andern liefen davon.

Beim Himmel, ein lustiger Stückchen Kampf
Tät Robin nie bestehn; –
Ich bin der Fiedler von Titbury-Town
Und habe mit zugesehn.

Ich stand kaum fünfzig Schritt davon
Und fiedelte wacker mit drein,
Auch aus der Stadt scholl Jubel her
Von Dudelsack und Schalmein.

Und als der Kampf vorüber war,
Jung-Robin war nicht matt,
Er faßte Schön-Jenny um den Leib
Und tanzte hinein in die Stadt.

Da war auf Markt und Gassen schon
Das Kirchweihfest im Gang,
Selbst Tom, der Schreiber vom Gericht,
Über Tisch und Bänke sprang.

Er führte die Anne Marie zum Tanz
– Bei Gott, eine hübsche Dirn!
Und richtig gezählt, jeden dritten Takt
Da küßt er sie auf die Stirn.

Ich bin der Fiedler und hab es gesehn
Und gönn's ihm auch von Grund,
Denn meine Nanny war auch dabei,
Und die küßt ich auf den Mund.

Jung-Robin aber und Jenny schön,
Die tanzten zum Vater ins Haus,
Und als der Herr Pfarrer sein Sach getan,
Ging's tanzend wieder hinaus;

Hinaus in den Wald; da waren die Tisch
Unterm Laubdach angericht't, –
Ach, was ich da alles *gegessen* hab,
Vor *Trinken* weiß ich's nicht.

Nur in den Wabenhonig hinein
Schnitt ich ein tiefes Loch,
Und wenn ich daran denken tu,
Schmeckt es mir immer noch.

Jung-Robin und Jenny gingen zu Bett,
Wir aber schliefen aus,
Und als der nächste Morgen kam,
Nahm jeder was mit nach Haus.

Ich nahm einen Kuchen; er war nicht groß,
Doch war er auch nicht klein,
Ich lebt an die sieben Tage davon
Und lud noch Gäste ein.

Und halt! daß *eins* ich nicht vergeß
Vor lauter Hast und Eil:
Sie wurden getraut mit einem Ring;
Und nun dem Könige Heil!

Dem Könige Heil! und geb ihm Gott
Einen jungen Prinzen bald; –
Ich aber will singen von Robin Hood
Und dem lustigen Sherwood-Wald.

spätestens 1852

Schön-Margret und Lord William

„Leb wohl, meine süße Margret!
Ich hab' eine stolze Braut,
Morgen mit dem frühsten
Werd ich ihr angetraut.

Leb wohl, meine süße Margret!
Ich freie die stolze Maid,
Am Kleide trag ich Hochzeit,
Im Herzen trag ich Leid."

Es kam der Hochzeitsmorgen,
Zur Kirche schritt das Paar,
Schön-Margret saß am Fenster
Und strählte ihr blondes Haar.

Sie sah die Braut in Seide,
In Sammet den Bräutigam,
Sie legte schweigend nieder
Den elfenbeinernen Kamm.

Sie schritt zum Strom hinunter
Und brach ein Blümlein da,
Das Blümlein war sie selber –
Ein Fischer sie treiben sah. –

Nun blinken die stillen Sterne
Über dem Hochzeitshaus,
Musik ist längst verklungen,
Die Lichter loschen aus.

Lord William hält in Armen
Die stolze, die braune Maid –
Da horch, was rauscht vorüber
In weißem, wallendem Kleid?

Was stellt sich ihm zu Füßen
Und lächelt in Tränen noch?
Was flüstert ihm zu: „Lieb William,
Leb wohl, ich liebe dich doch!" –

Auf blitzt die Morgensonne,
Die Vöglein singen vom Baum,
Lord William spricht: „Lieb Lady,
Ich hatt einen bösen Traum.

Ich sah zwei rote Rosen,
Und die eine liebt ich heiß,
Und als ich brach die andre,
Da wurde die eine – weiß."

Lord William steigt zu Rosse,
Seine Diener reiten mit,
Er weiß nicht, soll er jagen
Oder soll er reiten im Schritt.

Er kommt an Margrets Fenster,
Keine Margret dran zu sehn,
Er tritt in Haus und Halle –
Da wußt er, was geschehn.

Sieben Brüder stehen schweigend
Um ihrer Schwester Bahr,
Noch blinken Wassertropfen
In ihrem goldnen Haar.

„Ich liebte dich im Leben,
Ich liebe dich im Tod –
Deine Lippen, könnt ich sie küssen,
Bis daß sie wieder rot!"

Da murrten die sieben Brüder,
Und der älteste sprach laut:
„Lord William, willst du küssen,
So küß deine stolze Braut."

„Wenn meine Braut ich küsse,
Küß ich nach Recht sie nur –
Ich brach eurer Schwester Herze,
Doch brach ich keinen Schwur.

Zu Tisch nun, liebe Mannen!
Die Tafel blinkt von Wein,
Morgen mit dem frühsten
Soll neugedeckt sie sein."

Wohl war sie neugedecket,
Noch eh der Morgen kam:
Schön-Margret starb aus Liebe,
Lord William starb aus Gram.

Er ward im Chor bestattet,
Und siehe, Schön-Margret auch;
Sein Grab trug einen Weißdorn,
Ihrs einen Rosenstrauch.

Sie wuchsen bis zum Dache
Und reichten sich da die Hand,
Kein Auge sah die beiden,
Das nicht in Tränen stand.

Der Küster hieb sie nieder
Und warf sie in die Flamm,
Sie aber wuchsen wieder; –
Treue Liebe kommt zusamm.

spätestens 1853

Lord Murray

Ihr bunten Hochlands-Clane,
Was waret ihr so fern?
Sie hätten nicht erschlagen
Lord Murray, euren Herrn!

Er kam von Spiel und Tanze,
Ritt singend durch die Schlucht –
Sie haben ihn erschlagen
Aus Neid und Eifersucht.

Im Lenze, ach, im Lenze –
Sie spielten Federball,
Lord Murrays stieg am höchsten
Und überflog sie all.

Im Sommer, ach, im Sommer –
Aus zogen sie zum Strauß,
Da rief das Volk: „Lord Murray
Sieht wie ein König aus."

Im Herbste, ach, im Herbste –
Zu Tanze ging es hin:
„Mit Murray will ich tanzen!"
Rief da die Königin.

Er kam von Spiel und Tanze,
Ritt singend durch die Schlucht –
Sie haben ihn erschlagen
Aus Neid und Eifersucht.

Ihr bunten Hochlands-Clane,
Was waret ihr so fern?
Sie hätten nicht erschlagen
Lord Murray, euren Herrn!

1853

Lied des James Monmouth

Es zieht sich eine blutige Spur
Durch unser Haus von alters,
Meine Mutter war seine Buhle nur,
Die schöne Lucy Walters.

Am Abend war's, leis wogte das Korn,
Sie küßten sich unter der Linde,
Eine Lerche klang und ein Jägerhorn, –
Ich bin ein Kind der Sünde.

Meine Mutter hat mir oft erzählt
Von jenes Abends Sonne,
Ihre Lippen sprachen: ich habe gefehlt!
Ihre Augen lachten vor Wonne.

Ein Kind der Sünde, ein Stuartkind,
Es blitzt wie Beil von weiten,
Den Weg, den alle geschritten sind,
Ich werd ihn auch beschreiten.

Das Leben geliebt und die Krone geküßt
Und den Frauen das Herz gegeben,
Und den letzten Kuß auf das schwarze Gerüst, –
Das ist ein Stuart-Leben.

1853

Archibald Douglas

„Ich hab es getragen sieben Jahr
Und ich kann es nicht tragen mehr,
Wo immer die Welt am schönsten war,
Da war sie öd und leer.

Ich will hintreten vor sein Gesicht
In dieser Knechtsgestalt,
Er kann meine Bitte versagen nicht,
Ich bin ja worden alt.

Und trüg er noch den alten Groll,
Frisch wie am ersten Tag,
So komme, was da kommen soll,
Und komme, was da mag."

Graf Douglas spricht's. Am Weg ein Stein
Lud ihn zu harter Ruh,
Er sah in Wald und Feld hinein,
Die Augen fielen ihm zu.

Er trug einen Harnisch, rostig und schwer,
Darüber ein Pilgerkleid, –
Da horch, vom Waldrand scholl es her.
Wie von Hörnern und Jagdgeleit.

Und Kies und Staub aufwirbelte dicht,
Her jagte Meut und Mann,
Und ehe der Graf sich aufgericht't,
Waren Roß und Reiter heran.

König Jakob saß auf hohem Roß,
Graf Douglas grüßte tief,
Dem König das Blut in die Wange schoß,
Der Douglas aber rief:

„König Jakob, schaue mich gnädig an
Und höre mich in Geduld,
Was meine Brüder dir angetan,
Es war nicht meine Schuld.

Denk nicht an den alten Douglas-Neid,
Der trotzig dich bekriegt,
Denk lieber an deine Kinderzeit,
Wo ich dich auf den Knien gewiegt.

Denk lieber zurück an Stirling-Schloß,
Wo ich Spielzeug dir geschnitzt,
Dich gehoben auf deines Vaters Roß
Und Pfeile dir zugespitzt.

Denk lieber zurück an Linlithgow,
An den See und den Vogelherd,
Wo ich dich fischen und jagen froh
Und schwimmen und springen gelehrt.

O denk an alles, was einsten war,
Und sänftige deinen Sinn,
Ich hab es gebüßet sieben Jahr,
Daß ich ein Douglas bin."

„Ich seh dich nicht, Graf Archibald,
Ich hör deine Stimme nicht,
Mir ist, als ob ein Rauschen im Wald
Von alten Zeiten spricht.

Mir klingt das Rauschen süß und traut,
Ich lausch ihm immer noch,
Dazwischen aber klingt es laut:
Er ist ein Douglas doch.

Ich seh dich nicht, ich höre dich nicht,
Das ist alles, was ich kann,
Ein Douglas vor meinem Angesicht
Wär ein verlorener Mann."

König Jakob gab seinem Roß den Sporn,
Bergan ging jetzt sein Ritt,
Graf Douglas faßte den Zügel vorn
Und hielt mit dem Könige Schritt.

Der Weg war steil, und die Sonne stach,
Und sein Panzerhemd war schwer,
Doch ob er schier zusammenbrach,
Er lief doch nebenher.

„König Jakob, ich war dein Seneschall,
Ich will es nicht fürder sein,
Ich will nur warten dein Roß im Stall
Und ihm schütten die Körner ein.

Ich will ihm selber machen die Streu
Und es tränken mit eigner Hand,
Nur laß mich atmen wieder aufs neu
Die Luft im Vaterland.

Und willst du nicht, so hab einen Mut,
Und ich will es danken dir,
Und zieh dein Schwert und triff mich gut
Und laß mich sterben hier."

König Jakob sprang herab vom Pferd,
Hell leuchtete sein Gesicht,
Aus der Scheide zog er sein breites Schwert,
Aber fallen ließ er es nicht.

„Nimm's hin, nimm's hin und trag es neu
Und bewache mir meine Ruh,
Der ist in tiefster Seele treu,
Wer die Heimat liebt wie du.

Zu Roß, wir reiten nach Linlithgow,
Und du reitest an meiner Seit,
Da wollen wir fischen und jagen froh,
Als wie in alter Zeit."

spätestens 1854

Die zwei Raben

Ich ging übers Heidemoor allein,
Da hört ich zwei Raben kreischen und schrein;
Der eine rief dem andern zu:
„Wo machen wir Mittag, ich und du?"

„Im Walde drüben liegt unbewacht
Ein erschlagener Ritter seit heute Nacht,
Und niemand sah ihn in Waldesgrund
Als sein Lieb und sein Falke und sein Hund.

Sein Hund auf neuer Fährte geht,
Sein Falk auf frische Beute späht,
Sein Lieb ist mit ihrem Buhlen fort –
Wir können speisen in Ruhe dort.

Du setzest auf seinen Nacken dich,
Seine blauen Augen, die sind für mich,
Eine goldene Locke aus seinem Haar
Soll wärmen das Nest uns nächstes Jahr.

Manch einer wird sprechen: ich hatt ihn lieb!
Doch keiner wird wissen, wo er blieb,
Und hingehn über sein bleich Gebein
Wird Wind und Regen und Sonnenschein."

1855

Das Trauerspiel von Afghanistan

Der Schnee leis stäubend vom Himmel fällt,
Ein Reiter vor Dschellalabad hält.
„Wer da!" – „Ein britischer Reitersmann,
Bringe Botschaft aus Afghanistan."

„Afghanistan!" er sprach es so matt;
Es umdrängt den Reiter die halbe Stadt,
Sir Robert Sale, der Kommandant,
Hebt ihn vom Rosse mit eigener Hand.

Sie führen ins steinerne Wachthaus ihn,
Sie setzen ihn nieder an den Kamin,
Wie wärmt ihn das Feuer, wie labt ihn das Licht,
Er atmet hoch auf und dankt und spricht:

„Wir waren dreizehntausend Mann,
Von Kabul unser Zug begann,
Soldaten, Führer, Weib und Kind
Erstarrt, erschlagen, verraten sind.

Zersprengt ist unser ganzes Heer,
Was lebt, irrt draußen in Nacht umher,
Mir hat ein Gott die Rettung gegönnt,
Seht zu, ob den Rest ihr retten könnt."

Sir Robert stieg auf den Festungswall,
Offiziere, Soldaten folgten ihm all,
Sir Robert sprach: „Der Schnee fällt dicht,
Die uns suchen, sie können uns finden nicht.

Sie irren wie Blinde und sind uns so nah,
So laßt sie's *hören*, daß wir da,
Stimmt an ein Lied von Heimat und Haus,
Trompeter, blast in die Nacht hinaus!"

Da huben sie an und sie wurden's nicht müd,
Durch die Nacht hin klang es Lied um Lied,
Erst englische Lieder mit fröhlichem Klang,
Dann Hochlandslieder wie Klagegesang.

Sie bliesen die Nacht und über den Tag,
Laut, wie nur die Liebe rufen mag,
Sie bliesen – es kam die zweite Nacht,
Umsonst, daß ihr ruft, umsonst, daß ihr wacht.

Die hören sollen, sie hören nicht mehr,
Vernichtet ist das ganze Heer,
Mit dreizehntausend der Zug begann,
Einer kam heim aus Afghanistan.

1858

Melrose-Abbey

Und willst du des Zaubers sicher sein,
So besuche Melros' bei Mondenschein;
Die goldne Sonne, des Tages Licht,
Sie passen zu seinen Trümmern nicht.
Wenn die Bögen und Nischen im Schatten stehn,
Die Ecken und Pfeiler wie Silber sehn,
Wenn das weiße, kalte, zitternde Licht
Um den Mittelturm seine Girlanden flicht,
Wenn die Strebepfeiler sich wechselnd reihn,
Halb Ebenholz, halb Elfenbein,
Wenn's schneeig auf allen Gräbern liegt
Und die weißen Figuren noch weißer umschmiegt,
Wenn das Rauschen des Tweed, weitab gehört,
Wie Summen die nächtige Stille stört –
Ja, dann tritt ein: bei *Mondesschein*
Besuche Melros' und – *tu es allein.*

vor 1860

Grabschrift
(Auf einem Grabstein im Kirchhof von Melrose-Abbey)

Erde gleißt auf Erden
In Gold und in Pracht;
Erde wird Erde,
Bevor es gedacht;
Erde türmt auf Erden
Schloß, Burg, Stein;
Erde spricht zu Erde:
Alles wird mein.

vor 1860

Gorm Grymme

König Gorm herrscht über Dänemark,
Er herrscht die dreißig Jahr,
Sein Sinn ist fest, seine Hand ist stark,
Weiß worden ist nur sein Haar,
Weiß worden sind nur seine buschigen Braun,
Die machten manchen stumm,
In Grimme liebt er drein zu schaun, –
Gorm Grymme heißt er drum.

Und die Jarls kamen zum Feste des Jul,
Gorm Grymme sitzt im Saal,
Und neben ihm sitzt, auf beinernem Stuhl,
Thyra Danebod, sein Gemahl;
Sie reichen einander still die Hand
Und blicken sich an zugleich,
Ein Lächeln in beider Auge stand –
Gorm Grymme, was macht dich so weich?

Den Saal hinunter, in offner Hall,
Da fliegt es wie Locken im Wind,
Jung-Harald spielt mit dem Federball,
Jung-Harald, ihr einziges Kind,
Sein Wuchs ist schlank, blond ist sein Haar,
Blau-golden ist sein Kleid,
Jung-Harald ist heut fünfzehn Jahr,
Und sie lieben ihn allbeid.

Sie lieben ihn beid; eine Ahnung bang
Kommt über die Königin,
Gorm Grymme aber den Saal entlang
Auf Jung-Harald deutet er hin,
Und er hebt sich zum Sprechen – sein Mantel rot
Gleitet nieder auf den Grund:
„Wer je mir spräche ‚er ist tot‘,
Der müßte sterben zur Stund!"

Und Monde gehn. Es schmolz der Schnee,
Der Sommer kam zu Gast,
Dreihundert Schiffe fahren in See,
Jung-Harald steht am Mast,
Er steht am Mast, er singt ein Lied,
Bis sich's im Winde brach,
Das letzte Segel, es schwand, es schied –
Gorm Grymme schaut ihm nach.

Und wieder Monde. Grau-Herbstestag
Liegt über Sund und Meer,
Drei Schiffe mit mattem Ruderschlag
Rudern heimwärts drüber her;
Schwarz hängen die Wimpel; auf Brömsebro-Moor
Jung-Harald liegt im Blut –
Wer bringt die Kunde vor Königs Ohr?
Keiner hat den Mut.

Thyra Danebod schreitet hinab an den Sund,
Sie hatte die Segel gesehn;
Sie spricht: „Und bangt sich euer Mund,
Ich meld ihm, was geschehn";
Ab legt sie ihr rotes Korallengeschmeid
Und die Gemme von Opal,
Sie kleidet sich in ein schwarzes Kleid
Und tritt in Hall und Saal.

In Hall und Saal. An Pfeiler und Wand
Goldteppiche ziehen sich hin,
Schwarze Teppiche nun mit eigener Hand
Hängt drüber die Königin,
Und sie zündet zwölf Kerzen, ihr flackernd Licht,
Es gab einen trüben Schein,
Und sie legt ein Gewebe, schwarz und dicht,
Auf den Stuhl von Elfenbein.

Ein tritt Gorm Grymme. Es zittert sein Gang,
Er schreitet wie im Traum,
Er starrt die schwarze Hall entlang,
Die Lichter, er sieht sie kaum,
Er spricht: „Es weht wie Schwüle hier,
Ich will an Meer und Strand,
Reich meinen rot-goldenen Mantel mir
Und reiche mir deine Hand."

Sie gab ihm um einen Mantel dicht,
Der war nicht golden, nicht rot,
Gorm Grymme sprach: „Was niemand spricht,
Ich sprech es: er ist tot."
Er setzte sich nieder, wo er stand,
Ein Windstoß fuhr durchs Haus,
Die Königin hielt des Königs Hand,
Die Lichter loschen aus.

spätestens 1864

165

Die Brück am Tay
(28. Dezember 1879)

> When shall we three meet again?
> *Macbeth*

„Wann treffen wir drei wieder zusamm?"
    „Um die siebente Stund, am Brückendamm."
      „Am Mittelpfeiler."

      „Ich lösche die Flamm."
„Ich mit."

      „Ich komme vom Norden her."
„Und ich vom Süden."
      „Und ich vom Meer."

„Hei, das gibt einen Ringelreihn,
Und die Brücke muß in den Grund hinein."

„Und der Zug, der in die Brücke tritt
Um die siebente Stund?"
      „Ei, der muß mit."
„Muß mit."

      „Tand, Tand
Ist das Gebilde von Menschenhand!"

*

Auf der *Norderseite*, das Brückenhaus –
Alle Fenster sehen nach Süden aus,
Und die Brücknersleut ohne Rast und Ruh
Und in Bangen sehen nach Süden zu,
Sehen und warten, ob nicht ein Licht
Übers Wasser hin „ich komme" spricht,
„Ich komme, trotz Nacht und Sturmesflug,
Ich, der Edinburger Zug."

Und der Brückner jetzt: „Ich seh einen Schein
Am anderen Ufer. Das muß er sein.
Nun, Mutter, weg mit dem bangen Traum,
Unser Johnie kommt und will seinen Baum,
Und was noch am Baume von Lichtern ist,
Zünd alles an wie zum heiligen Christ,
Der will heuer *zweimal* mit uns sein, –
Und in elf Minuten ist er herein."

*

Und es war der Zug. Am *Süder*turm
Keucht er vorbei jetzt gegen den Sturm,
Und Johnie spricht: „Die Brücke noch!
Aber was tut es, wir zwingen es doch.
Ein fester Kessel, ein doppelter Dampf,
Die bleiben Sieger in solchem Kampf.
Und wie's auch rast und ringt und rennt,
Wir kriegen es unter, das Element.

Und unser Stolz ist unsre Brück;
Ich lache, denk ich an früher zurück,
An all den Jammer und all die Not
Mit dem elend alten Schifferboot;
Wie manche liebe Christfestnacht
Hab ich im Fährhaus zugebracht
Und sah unsrer Fenster lichten Schein
Und zählte und konnte nicht drüben sein."

Auf der Norderseite, das Brückenhaus –
Alle Fenster sehen nach Süden aus,
Und die Brücknersleut ohne Rast und Ruh
Und in Bangen sehen nach Süden zu;
Denn wütender wurde der Winde Spiel,
Und jetzt, als ob Feuer vom Himmel fiel',
Erglüht es in niederschießender Pracht
Überm Wasser unten … Und wieder ist Nacht.

*

„Wann treffen wir drei wieder zusamm?"
  „Um Mitternacht, am Bergeskamm."
    „Auf dem hohen Moor, am Erlenstamm."

„Ich komme."
      „Ich mit."
          „Ich nenn euch die Zahl."
„Und ich die Namen."
              „Und ich die Qual."
„Hei!
      Wie Splitter brach das Gebälk entzwei."

    „Tand, Tand
Ist das Gebilde von Menschenhand."

vor 1880

John Maynard

John Maynard!

„Wer ist John Maynard?"

„John Maynard war unser Steuermann,
Aus hielt er, bis er das Ufer gewann,
Er hat uns gerettet, er trägt die Kron,
Er starb für uns, unsre Liebe sein Lohn.
        John Maynard."
                *
Die „Schwalbe" fliegt über den Erie-See,
Gischt schäumt um den Bug wie Flocken von
                            Schnee,
Von Detroit fliegt sie nach Buffalo –
Die Herzen aber sind frei und froh,
Und die Passagiere mit Kindern und Fraun
Im Dämmerlicht schon das Ufer schaun,
Und plaudernd an John Maynard heran

Tritt alles: „Wie weit noch, Steuermann?"
Der schaut nach vorn und schaut in die Rund:
„Noch dreißig Minuten ... Halbe Stund".

Alle Herzen sind froh, alle Herzen sind frei –
Da klingt's aus dem Schiffsraum her wie Schrei,
„Feuer!" war es, was da klang,
Ein Qualm aus Kajüt und Luke drang,
Ein Qualm, dann Flammen lichterloh,
Und noch zwanzig Minuten bis Buffalo.

Und die Passagiere, buntgemengt,
Am Bugspriet stehn sie zusammengedrängt,
Am Bugspriet vorn ist noch Luft und Licht,
Am Steuer aber lagert sich's dicht,
Und ein Jammern wird laut: „Wo sind wir? wo?"
Und noch fünfzehn Minuten bis Buffalo.

Der Zugwind wächst, doch die Qualmwolke steht,
Der Kapitän nach dem Steuer späht,
Er sieht nicht mehr seinen Steuermann,
Aber durchs Sprachrohr fragt er an:
„Noch da, John Maynard?"
             „Ja, Herr. Ich bin."
„Auf den Strand! In die Brandung!"
             „Ich halte drauf hin."
Und das Schiffsvolk jubelt: „Halt aus! Hallo!"
Und noch zehn Minuten bis Buffalo.

„Noch da, John Maynard?" Und Antwort schallt's
Mit ersterbender Stimme: „Ja, Herr, ich halt's."
Und in die Brandung, was Klippe, was Stein,
Jagt er die „Schwalbe" mitten hinein.
Soll Rettung kommen, so kommt sie nur *so*.
Rettung: der Strand von Buffalo.

*

Das Schiff geborsten. Das Feuer verschwelt.
Gerettet alle. Nur *einer* fehlt!

*

Alle Glocken gehn; ihre Töne schwelln
Himmelan aus Kirchen und Kapelln,
Ein Klingen und Läuten, sonst schweigt die Stadt,
Ein Dienst nur, den sie heute hat:
Zehntausend folgen oder mehr,
Und kein Aug im Zuge, das tränenleer.

Sie lassen den Sarg in Blumen hinab,
Mit Blumen schließen sie das Grab,
Und mit goldner Schrift in den Marmorstein
Schreibt die Stadt ihren Dankspruch ein:
    „Hier ruht John Maynard! In Qualm und Brand
    Hielt er das Steuer fest in der Hand,
    Er hat uns gerettet, er trägt die Kron,
    Er starb für *uns*, unsre Liebe sein Lohn.
        John Maynard."

1885

Waldemar Atterdag

Und *Waldemar* (König Christophers Sohn),
Im Dome zu Ringstedt nahm er die Kron,
Nun führt er die Herrschaft mit kluger Hand
Über Dänemark-Meer und Dänemark-Land,
Nie faßt ihn Jähzorn, nie treibt ihn Eil,
„Erst wägen, dann wagen" ... „Eile mit Weil."
Und ob es zur Tat ihn auch drängen mag,
Auf den *andern* Tag schiebt er's: „Atterdag."

Und er fährt gen Jütland. Auf Schloß Aarhuus
Harrt er auf Huldigung und Gruß,
Auf Gruß des Adels. Der hält sich zurück;

Einer nur sprengt über die Brück:
„Um Gott, König Waldemar, auf und flieh,
In hellen Haufen kommen sie,
Sie zürnen dir schwer, weil du zubestimmst
Dem Bauer all das, was dem Adel du nimmst
Sehstedt führt sie; von Viborg her
Kommen dreihundert oder mehr.
In den Sattel, König, und flieh und jag
Hin über die Heide." ... „Atterdag."

Und ein Jahr und ein Tag, und auf Schloß Helsingör
Im Landsthing sitzt er und gibt Gehör;
Um ihn her seine Räte; da stürmt in den Saal
Erik Swensen, sein erster Admiral.
„Eile dich, König. Zu dieser Stund
Fahren die Lübischen in den Sund,
Zwischen Insel Amak und Insel Hveen
Sind siebenundzwanzig Segel zu sehn,
An der Spitze die ‚Seekuh', ihr bestes Schiff,
Greif zu, wie dein Vater einst sie griff.
Sie kommen wie Räuber. Nach Gut und Blut
Dürsten sie. Zertritt ihre Brut,
Vernichte sie mit einem Schlag."
„Erst wägen, dann wagen ... Atterdag."

Und wieder ein Jahr und auf Schloß Wordingborg
In Stille sitzt er und doch in Sorg,
In Sorg um Heilwig. Auf seinem Sinn
Lastet die schöne Königin.
Es heißt, sie sei krank, ohne Schlaf ihre Ruh,
Aber ein Kämmerling flüstert ihm zu:
„Der Königin Krankheit ist Lug, ist Schein,
Sten Sture geht lachend aus und ein,
Er ist noch ein Knabe, noch halb ein Kind,
Das lieben die Frauen, wie Frauen sind.
Auf, Waldemar, stör ihre Lust, ihre List,

Zeige, daß du der König bist,
Überrasche Schön-Heilwig, erforsche sie, frag."
„Es würde sie töten … Atterdag."

Und die Jahre gehn, und in Roskild-Abtei
Todkrank liegt Waldemar, Gott steh ihm bei.
Sein Blick ist erloschen, fahl sein Gesicht,
Erzbischof Ansgar aber spricht:
„Alle Sünde, die dich quält und brennt,
Es löscht sie Beicht und Sakrament,
Und willst du dein Gewissen stilln,
Hier bin ich, sprich deinen letzten Willn,
Unsre Kirch ist arm, wer sie speist und tränkt,
Des auch die Kirch in Liebe gedenkt.
Dein Spruch war immer: ‚Eile mit Weil‘,
Aber jetzt eilt es mit deinem Heil,
Säen ist ernten und Opfer Ertrag;
Säe, König."
                    „Atterdag."

                                        1885/88

Herr von Ribbeck auf Ribbeck im Havelland

Herr von Ribbeck auf Ribbeck im Havelland,
Ein Birnbaum in seinem Garten stand,
Und kam die goldene Herbsteszeit
Und die Birnen leuchteten weit und breit,
Da stopfte, wenn's Mittag vom Turme scholl,
Der von Ribbeck sich beide Taschen voll,
Und kam in Pantinen ein Junge daher,
So rief er: „Junge, wiste 'ne Beer?"
Und kam ein Mädel, so rief er: „Lütt Dirn,
Kumm man röwer, ick hebb 'ne Birn."

So ging es viel Jahre, bis lobesam
Der von Ribbeck auf Ribbeck zu sterben kam.
Er fühlte sein Ende. 's war Herbsteszeit,
Wieder lachten die Birnen weit und breit,
Da sagte von Ribbeck: „Ich scheide nun ab.
Legt mir eine Birne mit ins Grab."
Und drei Tage drauf, aus dem Doppeldachhaus,
Trugen von Ribbeck sie hinaus,
Alle Bauern und Büdner mit Feiergesicht
Sangen „Jesus meine Zuversicht",
Und die Kinder klagten, das Herze schwer:
„He is dod nu. Wer giwt uns nu 'ne Beer?"

So klagten die Kinder. Das war nicht recht,
Ach, sie kannten den alten Ribbeck schlecht,
Der *neue* freilich, der knausert und spart,
Hält Park und Birnbaum strenge verwahrt.
Aber der *alte*, vorahnend schon
Und voll Mißtrauen gegen den eigenen Sohn,
Der wußte genau, was damals er tat,
Als um eine Birn ins Grab er bat,
Und im dritten Jahr, aus dem stillen Haus
Ein Birnbaumsprößling sproßt heraus.

Und die Jahre gehen wohl auf und ab,
Längst wölbt sich ein Birnbaum über dem Grab,
Und in der goldenen Herbsteszeit
Leuchtet's wieder weit und breit.
Und kommt ein Jung übern Kirchhof her,
So flüstert's im Baume: „Wist 'ne Beer?"
Und kommt ein Mädel, so flüstert's: „Lütt Dirn,
Kumm man röwer, ick gew di 'ne Birn."

So spendet Segen noch immer die Hand
Des von Ribbeck auf Ribbeck im Havelland.

1889

Gedichte an Emilie Fontane
geb. Rouanet-Kummer

In Emilies Stammbuch

Ich habe oft, wenn mich geblendet
Der Sonne zauberhafte Pracht,
Und ich mich von ihr abgewendet,
In meinem Herzen dein gedacht.

Wie ohne Sonne mir die Erde
Nur schien ein grabesdunkler Schacht,
Gleicht – wenn ich von dir scheiden werde,
Mein ganzes Leben einer Nacht.

1840

An Emilie
(Bei Überreichung einer Rose)

Am Rheine geht die fromme Sage
Von einer Rose – längst verblüht,
Die nur am ersten Weihnachtstage
In aller Herrlichkeit erglüht. –

Wie dieser Tag, an dem die Liebe
Zur Erde einst herniederstieg,
Der Ros erwecket frische Triebe,
Dem Tod entreißend seinen Sieg;

So hat auch eine tote Rose
Der heut'ge Tag in mir erweckt;
Ich pflückte dir die dornenlose,
Dir sei sie an die Brust gesteckt.

1840

Verlobung

Es paßt uns nicht die alte Leier
   In unsren jungen Liebesrausch,
Wir denken und wir fühlen freier
   Und wollen's auch beim Ringetausch;
Der Treue Pfand, zu dieser Stunde
   Empfang's in perlend-goldnem Wein
Und laß den Ring auf Bechers Grunde
   Dir Sinnbild meines Lebens sein.
Laß übersprudeln mich und freue
   Der Kraft dich, die da schäumt und gärt,
Denn innen, wie dies Bild der Treue,
   Lebt meine Liebe unversehrt.

1845

An Emilie
1845
Statt eines Briefes

Du siehst, es bleibt mit mir beim alten
Trotz mancher bittern Neckerei;
Versprechen – und Versprochnes halten –
Ist mir noch immer zweierlei.

Und daß dir alle Zweifel schwinden
An meinem Unverändertsein,
Stell ich mich mit Entschuld'gungsgründen
Ob meines Schweigens bei dir ein.

Ich habe sechsmal Platz genommen,
Sechsmal die Feder zugestutzt,
Doch was mir in den Sinn gekommen,
War immer dumm und abgenutzt.

Von deutsch-katholischen Vereinen,
Draus mancher Stoff in Masse fischt,
Sag selber – wär es nicht zum Weinen,
Hätt ich dir davon aufgetischt!

Schon höhnt ich mich und all solch Wissen,
Als mir ein Kraftgedanke kam
Und ich die „Sehnsucht, dich zu küssen",
Zum Stoffe meines Briefes nahm.

Kaum aber hatt ich angefangen,
Packt ich schon lächelnd wieder ein; –
Ein Kuß – dies *mündlichste* Verlangen –
Muß mündlich vorgetragen sein.

*

Nicht wahr?!

Die Somnambule
(24te Oktober)

Schön Mila saß auf weichem Pfühl,
Ein Bursch an ihrer Seit;
„Ich bin seit kurzem somnambül"; –
So sprach die junge Maid.

„Und mit geschloßnen Augen seh
Dein Tun ich so genau,
Als ich mit offnen Augen je
All, was du treibst, – erschau."

177

Der Bursche band der schönen Dirn
Ein Knüpftuch um das Aug,
Und küßte schnell dann ihre Stirn,
Und wohl den Nacken auch.

Und tiefe Röt im Angesicht
Sprang Mila auf vom Pfühl; –
Der Bursche zweifelt fürder nicht,
Die Maid sei *somnambül.*

1845

In Verlegenheit
(An E …)

Wie's scheint, so wechseln meine Rollen
Dir gegenüber mit der Zeit;
Auftrat ich mit: Verhimmelnwollen,
Dann übt ich flüchtig mich im Schmollen,
Jetzt spiel ich die *Verlegenheit.*

Wenn ich an deiner Seite sitze,
Wo bleibt die Zungenfertigkeit?
Wo bleiben meine schlechten Witze? –
Ich rede von der Zimmerhitze –
Ist's möglich! aus Verlegenheit.

Du stickst – vielleicht ein Paar Pantoffel
Für dein zukünftig Regiment;
Ein Witz liegt nah, – und doch, ich Stoffel,
Erzähl dir, daß man die Kartoffel
Jetzt frei von allem Fusel brennt.

Verlegenheit! ach, bis zum Weinen
Hat heut sie wieder mich gequält,
Als ich, mit meinen langen Beinen
Hintrabend auf den Pflastersteinen
Hier – diese Schätze ausgewählt.

Ein Weihnachtsmann mit vollen Händen,
So hätt ich gerne dir beschert; –
Ja, wenn die Sachen anders ständen!
Kaum angefangen, mußt ich enden,
Denn ach, der Beutel war geleert.

1845

Sonette

I.

Ein Leben war's, mit Kolben und mit Knütteln
In diesen eitlen Jammer dreinzuschlagen,
Doch hab ich still ein lästig Joch getragen
Und meiner Pflicht gehorcht und ihren Bütteln.

Jetzt aber, wo an Winters Thron zu rütteln,
Voll Lerchenschlag, die Frühlingslüfte wagen,
Jetzt will auch ich, und müßt ich sie zernagen,
Die Ketten alle mutig von mir schütteln.

Ein Lebewohl – kein Fluch euch, meine Dränger;
Ihr seid geschützt vor meines Zorns Ergüssen,
Weil ihr zu klein dem neugebornen Sänger;

Er eilt hinaus, den jungen Lenz zu küssen,
Und kein Gedanke nur gehört euch länger,
Als er euch selber hat ertragen müssen.

II.

Nun kann ich wieder wie die Lüfte schweifen,
Am Strom, im Wald aufs neue bei den alten
Geliebten Plätzen Rast und Andacht halten,
Und lächelnd nach der Abendröte greifen.

Dem Markte fern, dem Feilschen und dem Keifen,
Fühl ich der Seele Schwingen sich entfalten,
Mir kehrt die Kraft, mein Denken zu gestalten,
Der Keim wird stark, zur Frucht heranzureifen.

Bald werd ich neu zu Freud und Frohsinn taugen;
Schon lern ich aus des Frühlings heitren Klängen,
Wie süßen Nektar, Lust am Leben saugen;

Schon lächl ich wieder, statt den Kopf zu hängen,
Und zwischen mich und deine lieben Augen
Seh ich sich fürder keine Wolke drängen.

III.

Der Pfirs'che Duft – ihr mögt nicht danach greifen,
Ihr schont den Schmelz an jedem bunten Falter,
Ihr werdet nimmer einen frommen Psalter
Als Gassenhauer durch die Straßen schleifen.

Wer aber sah euch je seitabwärts schweifen,
Euch, aller Schönheit Pfleger und Erhalter,
Wenn Duft und Schmelz der Unschuld ihr mit kalter
Fühlloser Faust vermochtet abzustreifen?

Ich mag beschmutzen keines Tempels Wände; –
Ich schaue dich und aller Himmel Segen
Ruf ich herab, still faltend meine Hände,

Ich werde nie, verlangend und verwegen,
Ein Herostrat – der Leidenschaften Brände
An deiner Seele schönen Tempel legen.

IV.

„Was willst du" – sprach ich – „um den Himmel streiten?
Dies Gottanschaun und Hallelujasingen
Droht auf die Dauer schier dich umzubringen,
Du stirbst aufs neu bei solchen Seligkeiten."

Die Herzen aber wechseln wie die Zeiten;
Die Liebe herrscht zumal in Glaubensdingen,
Ein einz'ger Blick, ein inniges Umschlingen
Kann uns auf andre, beßre Pfade leiten.

Wenn fern dem Treiben menschenbunter Gassen
Jetzt meine Blicke still in deinen lesen
Und stundenlang von ihrem Glück nicht lassen;

Fühl ich zu neuem Glauben mich genesen,
Und niegeahnte Wonnen mich erfassen
Beim bloßen Hinblick auf ein höhres Wesen.

V.

Zur Geltung kommt das kläglichste Gelichter!
Sei Bänkelsänger oder Farbenreiber,
Sei Dorfschulmeister oder Eseltreiber,
Sei, was du willst, gleichviel! nur sei kein Dichter.

Verlacht man auch solch Schwatzen geistesschlichter
Gevatterschaft, samt ihrer alten Weiber,
Doch greift's ins Herz, und einen müß'gen Schreiber
Schilt man sich oft als eigner Splitterrichter.

Wenn aber dann nicht Scham ob eitlem Ringen
Das heiße Blut ins Antlitz mir getrieben, –
Wenn's Freude war am Schaffen und Gelingen;

Dann, während Erd und Erdennot zerstieben,
Fühl ich mich stark zu allen höchsten Dingen,
Und würdig selbst, dein schönes Herz zu lieben.

VI.

Der Mädchen Herzen hängen an Juwelen;
Mehr als der Dichtung vollste Blütendolde
Sind ihnen Blümchen von getriebnem Golde,
Und wären sie die zartesten der Seelen.

Drum kann ich oft ein Lächeln nicht verhehlen,
Bring ich dir heute Tristan und Isolde,
Und morgen schon verschiedne Tordenskiolde,
Und Tag für Tag ein Dutzend Philomelen.

Ich weiß es wohl, dem Flittertand der Mode, –
Und ob ich selber wie ein Pindar schriebe,
Erteilst den Preis du vor der sapph'schen Ode;

Und fluchen könnt ich meiner Armut, bliebe
Mir nicht Gewißheit: Kleinod der Kleinode
Ist deinem Herzen doch ein Herz voll Liebe.

VII.

Ich würde mich in Märchenträumen wiegen,
Und lerchenfroh begrüßen jeden Morgen,
Könnt ich den irdischsten der Erdensorgen
Gebieten, sich zu Füßen mir zu schmiegen.

Mir ist, als müßt ich durch die Lüfte fliegen,
Als würde mir die Freude Flügel borgen,
Vermöcht ich je, gleich Ritter Sankt Georgen,
Die Not – den ew'gen Drachen, zu besiegen.

Doch ob das Glück mir auch ein dürrer Bronnen,
Und ob ich auch entbehren mag und leiden,
Ich habe doch das beste Teil gewonnen.

Und sollt ich diese Stunde noch entscheiden
Mich zwischen dir und einer Welt voll Wonnen,
Es bliebe doch beim alten mit uns beiden.

VIII.

Du zeigst dich mir als jene bald und diese;
Im Spitzenhäubchen bist du Frau vom Hause,
Im Mieder dann nach einer kurzen Pause
Gleichst du des Dorfes schmucker Anneliese.

Bald Bürgermädchen in der Linnen-Priese,
Bald Edelfräulein in der span'schen Krause,
Nahst du dich schließlich, wie aus frommer Klause,
Verschleiert gar als Schwester Heloise.

Wie willst du, daß dies Maskenspiel ich deute?
Verrieten dir in ihrem Heil'genscheine
Mein frühres Tun vielleicht die frommen Leute;

Und dachtest du: so wird er ganz der Meine!
Ihm bleibt der Wechsel, der ihn sonst erfreute,
Und trotz des Wechsels liebt er doch nur *eine*?

IX.

Es hat das Herz manch Toten zu bestatten!
Sie, die gelebt drin, und es ganz besessen,
Verraten's oder lernen's doch vergessen,
Sie wurden kalt, wie heiß geglüht sie hatten.

Die Besten selbst, und ob einst ohn Ermatten
Ihr Lieben sie verschwendrisch zugemessen, –
Längst pflanzt mein Herz an ihrem Grab Zypressen,
Sie leben noch, und wurden dennoch – Schatten.

Ein jeder Tag sieht neue Kreuze ragen; –
Es weint das Herz, doch Kraft und Manneswürde
Lehrt immer neu den neuen Feind zu schlagen.

Nur sollt ich je als schwerste Lebensbürde
Auch dich, auch dich auf jenen Friedhof tragen,
Ich glaube nicht, daß ich's ertragen würde.

X.

In England war's; – die bräunlichen Gestalten
Von einem Trupp Zigeuner mir zur Seite,
Sie waren bald mein bettelndes Geleite; –
Ich aber nahte lachend mich der Alten.

Sie nahm die Hand, die Linien drin und Falten,
Und wie sich alles fand und schied und reihte,
Sie sah's und sprach: „Dein Glück blüht in der Weite";
Vergeblich forsch ich, Aufschluß zu erhalten.

Mein Herz, es durfte nicht Geduld erlernen,
Es fand noch jung sein Glück auf deutscher Erde,
Eh es gesucht darnach in allen Fernen.

Wie, oder wär's, daß nie am eignen Herde,
Daß ich vielleicht erst droben bei den Sternen
Mein Glück so ganz mein eigen nennen werde.

1846

An Emilie
1846
Meiner lieben Emilie zum achten Dezember

Daß ich als *Meine* dich umfangen,
Und dich geherzt, wie nie, so warm,
Heut ist ein Jahr seitdem vergangen,
Und liegt nun da, so reich, so arm;
So arm an allem eitlen Streben
Nach eines Namens Schellenkleid,
Doch überreich an innrem Leben,
An höchstem Glück und tiefstem Leid.

Denk ich, wie wechselnd, bald die Freude,
Bald mich der Schmerz in Händen hielt,
So ist mir's fast, als hätten beide
Mit meinem Herzen Ball gespielt,
Dies Werfen mich und Wieder-Fassen
Nahm oft der Freude selbst den Wert,
Und „möchten sie mich fallen lassen!"
Hab ich manch liebes Mal begehrt.

Erkennen an dem eignen Lose
Mußt ich, wie wahr der Dichter klagt:
„Ein liebend Herz ist eine Rose,
Daran die Sorgen-Raupe nagt."
Ob nimmer auch, wie scheu-getroffen,
Ihr Zahn die *Blüte selbst* versehrt, –
Die frischen Blätter – Mut und Hoffen –
Sah ich bis auf den Grund verheert.

Schon sprichst du: „Welche Leichenrede
Statt eines frohen Festgedichts!"
Doch meiner Klagen all und jede,
Drum lächle nur, zerfällt in nichts;
Denn sprächst du je: „Dein Weg ist offen,
Sei wieder frei, um froh zu sein";
So stünd ich, wie vom Blitz getroffen,
Und riefe weinend: „Bleib doch mein!"

Ich liebe dich, und bin geborgen,
Wenn du mir Lieb um Liebe gibst;
Das aber sind all meine Sorgen:
Ob du so recht mich wieder liebst?
Oh, könnt ich doch zu dieser Stunde
In deine lieben Augen schaun,
Ich schöpfte wohl aus ihrem Grunde,
Wie immer Hoffnung und Vertraun.

An Emilie
Zum 14. November 1852 (?)

Alles, was glänzt, ist just nicht Gold,
Aber die Federn sind von Holdt,
Auch Papier und Siegellack; –
Schreibzeug ist nach meinem Geschmack.

Inkstand, pen and blotting paper,
Only there wants still: – the golden taper.

In der Krankheit
(Brief an E.)

Mein ganzes Zimmer riecht nach Wald,
Das machen die kienenen Tische,
Glaub mir, ich muß genesen bald
In dieser Harzesfrische.

Du bist noch kaum bei uns daheim
An unsres Kindes Bettchen,
Und sieh, schon sitzt ein muntrer Reim
Auf meinem Fensterbrettchen.

Er sitzt allda und schaut mich an
Wie auf dem Felde die Lerchen
Und singt: „Du hast ganz wohlgetan,
Dich still hier einzupferchen.
Steh nur früh auf und schweif umher
Und lache wie der Morgen,
So wird dies grüne Waldesmeer
Schon weiter für dich sorgen.

Und schiedst du *doch* zu dieser Frist,
So tu es ohne Trauern,
Das Leben, weil so schön es ist,
Kann es nicht ewig dauern."

1853

An Emilie
Mit der „Argon"

Giftmischer einst, und nun doch ein solcher,
Der auszieht gegen den König der Kolcher!
Doch ob Provisor, ob Argonaut,
Dir bleib ich dieselbe alte Haut.

Berlin
d. 24. Dezemb. 53   Theodor

An Emilie
Zum 14. November 1854

Schier 30 Jahre bist du alt,
Hast manchen Sturm erlebt;
Doch gelegentliches Zanken
An die Stelle von Liebesgedanken
Hat fester uns verwebt.

Ich ging einmal nach London hin,
Nun aber geh ich nicht mehr;
Wir wollen uns weiter streiten
Und streitend durchs Leben begleiten
Und lieben nebenher.

Und wenn die letzte Kugel kommt
Ins preußische Herz hinein –
Liebe Mila, laß dich mit mir begraben,
Weiter will ich von dir nichts haben,
Denn man zankt sich nicht allein.

An Emilie
Zum 14. November 1856

Ich bin ein rechter Poveretto,
Der freilich dir das Beste gönnt,
Doch hat er keinen Pfennig netto,
Wofür er etwas kaufen könnt.

Ich bin ein rechter Armer-Deibel,
Der allen Anstands sich entschlägt
Und nicht mal einen Band von Geibel
Rot-golden dir zu Füßen legt.

Ich bin ein rechtes Armes-Luder,
Der, wenn er alles recht bedenkt,
Dir nichts als Georgens jüngsten Bruder
Elf Tage vor der Zeit geschenkt.

Ich bin ein armer, armer Krepel
Und mag nicht länger mehr verziehn,
Leb wohl und grüße Lepel-Zepel
Und sag, ich schriebe bald an ihn.

An Emilie

Was noch fehlt, ist eine Spritze,
Doch ich dacht, sie sei nichts nütze
Jetzt in dieser Schwebe-Zeit
Wo die Frage nach dem „Essen"
Die Verdauungs-Interessen
Sehr bedenklich überschreit.

Sind wir wieder erst daheime,
Finden sich wohl andre Reime,
Findt sich manches andre noch:
Frohsinn, Lachen, muntre Witze
Sind nicht nur die beste Spritze,
Sind sogar der beste Koch.

Camden Town
24. Dez. 58   Dein Th. F.
                                   höhrer Agent
                          und Staatshämorrhoidarius

An Emilie
Zum 14. November 1859

An alter Stell, an neuer Stell,
Es wird noch immer nicht recht hell,
Am alten Ort, am neuen Ort,
Wolken hier und Wolken dort.

So lahmt man sich durchs Leben hin
Mit hektisch hoffnungsbangem Sinn,
Das beste Stückchen Sonnenschein
Heißt: „Ach es könnt noch schlimmer sein."

Hab Dank, daß du es ruhig trägst,
Der Sorgen mutig dich entschlägst,
Hätt ich noch Leid und Kreuz im Haus,
Wahrhaftig, da wär alles aus.

Wieviel auch fehlt und auch gebricht,
Das Allerbeste fehlt doch nicht;
Erhalte dich der Himmel frisch,
So ist das Wein für unsren Tisch.

An Emilie
Zum 24. Dezember 1859

Gekommen ist der Heil'ge Christ,
Die ganze Stadt voll Lichter ist,
Auch unsre sollen brennen,
Die Sorgen weg und zünde an,
Ich will derweil, so gut ich kann,
Dir meine Wünsche nennen.

Empfang zuerst ein Strumpfenband,
Das ich für 30 Pfengk erstand
Bei Fonrobert im Laden,
Ich wünsche dir, geliebtes Weib,
Bald wieder einen dünnern Leib
Und etwas dickre Waden.

Empfang alsdann ein Konto-Buch,
Fürs Credit ist es groß genug,
Fürs Debet etwas kleine,
Indes es heißt ja: „rund die Welt",
Der Beutel wird mal wieder Geld
Und hilft uns auf die Beine.

Und drum zuletzt den heißen Wunsch,
Daß unsres Schicksals dicker Flunsch
Bald hübschen Zügen weiche,
Und daß ein bißchen Sonnenschein
Zieh wieder endlich bei uns ein
Und unser Herz beschleiche.

An Emilie
Mit „Ein Sommer in London"

Wir sind nun zusammen in London gewesen
Mit gutem Gehalt und Reisespesen
Und wissen nun zu dieser Frist,
Was Fremde und was Heimat ist.

Das heimatliche Bettlerhemde
Geht über ein Goldkleid in der Fremde;
Wie viel mir mißfällt und widerstrebt,
Heimat bleibt Heimat, und – man *lebt*.

Berlin   Th. F.
d. 9. Oktob. 1861

An Emilie
Zum 14. November 1861

Um 5 tritt Doktor Pröhle ein,
Um 6½ bei Betas sein,
Dazwischen Briefeschreibung
Und Dachsenfett-Einreibung.

Das ist denn doch für Pegasus
Fast eine allzu harte Nuß;
„Zum Teufel das Geläpper",
So schäumt der alte Klepper.

Nun still nur, endlich Ruhe ist,
Noch 5 Minuten hab ich Frist,
Ach nur noch 5 Minuten,
Da heißt es wohl sich sputen.

Ich wünsch uns zwein an diesem Tag,
Daß es nicht schlimmer kommen mag;
Kein Grund liegt vor zum Zanken,
Viel Grund liegt vor zum Danken.

So sei denn laut gedanket heut
Für alles Gute, das uns freut;
Nichts mehr hab ich zu schreiben
Als: mög's noch lang so bleiben!

An Emilie

Sei heiter!
Es ist gescheiter
Als alles Gegrübel;
Gott hilft weiter, –
Zur Himmelsleiter
Werden die Übel.

Weihnachten   Th. F.
1861

An Emilie
Zum 14. November 1862

Ich hab nur eine Viertelstund,
Du kennst davon den guten Grund,
Es wartet die Stern- und preußische Zeitung
Auf kürzre oder längre Verbreitung
All dessen, was ich seit Tag und Nacht
Über Kunst gedacht und – nicht gedacht.

Eine Viertelstund ist kleine Zeit;
Was sag ich in der Geschwindigkeit?
Mein ganzes Lieben, mein ganzes Hassen
Läßt sich nicht in drei Worte fassen; –
Mein Hassen vielleicht, das ginge schnell:
„Madam" und „Tunte" und „Nähmamsell".

Von Liebe und Lieben drum lieber nichts;
Dank sei der Inhalt dieses Gedichts,
Der Himmel war gnädig, der Himmel war gütig,
Nun aber werd auch nicht übermütig
Und hüte dich, daß du nicht klagst und schiltst
Und keine Zweigroschen-Blume mehr willst.

Zweigroschen-Blume seit manchem Jahr
Die Zierde deines Geburtstags war,
Es dämmert mir fast ein leises Gedenken,
Ich konnte mitunter nichts anderes schenken,
Drum bin ich entschlossen fest und scharf,
Zweigroschen-Blume nicht fehlen darf.

Sie hat auch heute ihre Stell; – –
Die Zukunft bleibe passabel hell,
Im heilsamen Wechsel von Segen und Sorgen,
So gehe das Heute, so komme das Morgen,
Bis nach der Unrast dieser Zeit
Die Rast uns kommt in Ewigkeit.

An Emilie
Zum 24. Dezember 1862

Es ändern im Leben sich die Dinge,
Lahm wird der Schwung, lahm wird die Schwinge,
Die Liebe, die sonst im Äther schwamm,
Sie steigt hinunter zu Seife und Kamm.

Der Kamm für zwölf einen halben Groschen
Ist aus einem Laden mit Gummi-Galoschen,
Die Seife (aus einem kleinen Basar)
Wohl nie bei „Treu und Nuglisch" war.

Sei's drum; wenn ich es recht begreife,
Ist gar nicht so übel der Kamm und die Seife,
Und war auch die Lieb einst noch so stramm,
Noch strammer ist Liebe mit Seife und Kamm.

Nur stramme Liebe, ums recht zu bedenken,
Kann's wagen, Kamm und Seife zu schenken,
Und glücklich die Ehe, wo Frau und Mann
Sich Kamm und Seife schenken kann.

An Emilie
Zum 14. November 1864

Geburtstags-Verse ein ganzes Schock
Gelten wenig wie ein alter Rock,
Erst wenn man sie wegtut oder vergißt,
Sind beide begehrt, werden beide vermißt.

Das vorige Jahr, ich weiß nicht warum,
Dacht ich: „laß es, es ist zu dumm",
Und siehe da, der alte Gänsesteiß
Stieg mit einem Mal im Preis.

„Wo sind die Verse? was fällt dir ein?
Ich knauple so gern an derlei Bein;
Diese Verse mit Beifuß, mein lieber Hans,
Sind ja das Best' an der ganzen Gans."

So geschieht denn wieder, was immer geschah,
Die Geburtstagsverse sind wieder da;
Alles andre geht seinen alten Gang,
Mög es so bleiben unser Lebelang.

An Emilie
Zum 14. November 1865

Briefträger setzen sich in Trab,
Sie reißen fast die Klingel ab,
Sogar Pakete treffen ein –
Mög es das ganze Jahr so sein!

Herren, Damen kommen zu Hauf,
Sie setzen die besten Gesichter auf,
Du selber blickst gutlaunig drein –
Mög es das ganze Jahr so sein!

Im Hause ruht der Bruderstreit,
George, Theo markieren Artigkeit,
Sanfte Stimmung bei groß und klein –
Mög es das ganze Jahr so sein!

Der Himmel ist blau, die Luft ist klar,
Auf dem Simse zwitschert ein Spatzenpaar,
Am Fenster aber lacht Sonnenschein –
Mög es das ganze Jahr so sein!

An Emilie
Mit Gesang- und Wirtschaftsbuch zu Weihnachten 1865

Wenn das Wirtschaftsbuch nicht stimmt
Und das Debet das Credit überklimmt,
Geben die alten Luther-Lieder
Trost und Contenance wieder.

An Emilie
Rum-Lied,
mit einer Rumflasche zum 14. November 1866

Und ist auch noch so dünn der Tee
Und tut dir irgendwo was weh, –
　　Rum, Rum,
Und alle Schmerzen werden stumm.

Und liest du ein „sensation"-Buch
Voll Gift und Mord und Vaterfluch,
　　rum, rum,
Nicht alle Bücher sind so dumm.

Und geht im Leben etwas schief
Und steht der Barometer tief, –
　　rum, rum,
Ein Tag gestaltet alles um.

Und ärgert dich ein Blick, ein Wort,
Tu's rasch aus deiner Seele fort; –
　　„rum, rum"
Ist aller Weisheit Satz und Summ.

Und ist man endlich worden alt,
Und wird es öd und wird es kalt, –
　　rum, rum,
Wir wechseln unser Publikum.

Reich oder arm, wie jeder weiß,
Das Leben ist 'ne lange Reis; –
　　rum, rum,
Ist unser best Viatikum.

An Emilie
Zum 14. November 1867

Ich schenke dir eine Decke von Tuch
Für 5 Taler und 20 Groschen;
Die alte – es dauerte lange genug –
Ist in ihrem Glanze erloschen.

Und ich schenke dir, aus Joachimsthal,
Handschuhe für sechsthalb Gulden,
Und andres kriegst du ein andres Mal,
Doch mußt du dich gedulden.

Und ich schenke dir (geht wieder um, mit Gebrüll,
„Egoismus", der alte Bube?!),
Ich schenke dir zwanzig Ellen Tüll
Zu Gardinen für *meine* Stube.

Für *meine* Stube; es scheint nicht nett,
Doch was liegt uns noch am Scheine,
Längst haben wir auf demselben Brett
Das Meine und das Deine.

Wir haben gemeinsam Freud und Leid,
Warum nicht auch die Gardine?!
Und so wachse denn unsre Gemeinsamkeit; –
Parole: Mus wie Mine.

An Emilie
Zum 14 November 1868

Ja, ja Geliebte, man wird alt,
Trotz Filz und Wolle hat man kalt
An Sohlen und an Füßen,
Und ißt am Schlusse des Soupers
Man gar noch etwas Schweizer Käs,
So muß man dafür büßen.

Die Nerven, – – ach du lieber Gott!
Die Leber wird zum Kinderspott,
Die Leber und der Magen,
Doch würd auch alles weh und wund,
Eh bien, bleibt nur das *Herz** gesund,
So wollen wir's ertragen.

*will ooch nich mehr!

An Emilie
Berlin, 15. Oktob. 69

Meine geliebte Frau.

Das ist das höchste Glück:
Alte Liebe kehrt täglich neu zurück;
Es bleibt beim Alten, –
Auch die Worte, die du im Ohr behalten.

Diese 4 Zeilen sind freilich nur eine Kadetten-Leistung gegen die berühmten 6 Zeilen, die Freund Storm seiner Constanze über einen Brief schrieb; aber wenn Du bedenkst, daß Storm auf diesem Gebiete first rate ist und ich höchstens second class bin, außerdem aber von 4 Zeilen nur ⅔ so viel wie von 6 verlangt werden kann, so schneid ich möglicherweise noch ganz passabel.

An Emilie
Zum 14. November 1876

Wohl nur, weil dir Strophenkram
Grade jetzt zuwider,
Mich ein Lüstchen überkam:
Schreibe Verse nieder.

Denn der Hang zum Widerstreit,
Der mir so zu eigen,
Will sich eben jederzeit
Als sich selber zeigen.

Aber ob es dies nun war,
Oder minder Schroffes,
Trete in ein freundlich Jahr,
Mindestens erhoff es.

Hoff es, wenn du recht es willst,
Wirst du's auch gewinnen,
Aber wenn du weiter schiltst,
Scheuchest du's von hinnen.

Schelten ist nicht immer laut;
Auch das halbe Schelten,
Das aus trübem Auge schaut,
Kann als ganzes gelten.

Leg es ab: sieh wieder hell;
Ach was ist hienieden?
Gönne mir die stille Stell
Und mein bißchen Frieden.

Und so du dazu bereit,
Will ich Dank dir sagen,
Aber ohne Bitterkeit
Auch das andre tragen.

An Emilie
Zum 14. November 1880
Mit neuen Pfropfen

Es hilft uns kein Gedeutel,
So nimm es, wie es fällt,
Der eine hat den Beutel,
Der andre hat das Geld.

Es läßt sich nichts erklopfen –
Der eine hat den Wein,
Der andre hat die Pfropfen,
Man muß zufrieden sein.

An Emilie
Zum 24. Dezember 1886
Service-Zettel

Heute nur dies:
　　Kommt ein bonheur,
　　Kommt auch ein Service
Von
　　　　Serviteur.

An Emilie
Zum 24. Dezember 1890

Ruhig sein, nicht ärgern, nicht kränken,
Ist das allerbeste Schenken;
Aber mit diesem Pfefferkuchen
Will ich es noch mal versuchen.

An Emilie
Zum 24. Dezember 1891

Noch einmal ein Weihnachtsfest,
Immer kleiner wird der Rest,
Aber nehm ich so die Summe,
Alles Grade, alles Krumme,
Alles Falsche, alles Rechte,
Alles Gute, alles Schlechte –
Rechnet sich aus all dem Braus
Doch ein richtig Leben raus,
Und dies können ist das Beste
Wohl bei diesem Weihnachtsfeste.

An Emilie
Zum 14. November 92

„Mai, Juni, Juli und August,
O wunderschöne Sommerlust",
So hat einst Platen es drucken lassen,
Uns aber wollt es heuer nicht passen,
Mai, Juni, Juli und August
Lagen uns schwer auf Herz und Brust.

Nun haben wir, geliebte Frau,
Statt des Sommers wieder Novembergrau,
Novembergrau, das so schlimm nicht ist,
Schon schimmert herüber der Heilige-Christ,
Und hat noch den besonderen Wert,
Daß es mir *dich* in die Welt beschert.

Und ich wünsche, daß du darin noch bleibst,
Unlogisch weiter plauderst und schreibst,
Wie dir's gefällt, gefällt es mir eben,
Also wolle für mich noch weiter leben!

An Emilie
Ein Bon als Weihnachtsgeschenk 1893

Unter einem Pappendeckel,
Der mein „Arnheim", liegt mein Säckel;
Diesen dir bekannten Kasten
Kannst du jederzeit entlasten,
Aber, bitt ich untertänig,
Wenn es sein kann, nimm nur wenig.

An Emilie
Mit einem Ring zum 70.

An das Leben, an mich und das Glück
Bind er dich noch ein gutes Stück.

Berlin

14. Novb. 94   Th. F.

An Emilie
14. November 1895
Zum Einundsiebzigsten

Vieles wünschen und versprechen
Könnt ich dir, doch eines nur:
Nichts soll störend unterbrechen
Deine nächste Mühlbrunn-Kur.

Wird's dadurch auch etwas öder,
Eines schwör ich dir beim Zeus:
Nichts mehr von dem Grafen Roeder,
Nichts mehr von dem Prinzen Reuß.

Nichts von Hans mehr und van Halle,
Nichts von Hauptmann Hufeland,
Nichts von Lisco, Kayser, – alle
Wehr ich ab mit dieser Hand.

Gutgesalznen Prager Schinken,
Saures Kraut als Zugemüs,
Dazu sollst du Pilsner trinken
Als Protest nur gegen „süß".

Und so bessert sich die Leber
Lind so schrumpft der Gallenstein, –
Nächstes Jahr soll dir ein Geber
Ungestörten Mühlbrunns sein.

Nachschrift
In sonstigem Schenken bin ich nicht stark,
Du hast ja das Geld und die Strümpfe, –
Kaufe dir was für fünfzig Mark
Oder noch lieber für fünfe.

An Emilie
Zum 14. November 1896

Einen Topf mit einer Eriké
Kriegst du wohl von der Gerike,
Von mir empfange, geliebte Olle,
Nur diese Hyazinthenknolle; –
Knollig erblühe dir jegliches Gute,
Vor allem sei dir *wohl* zu Mute.

P. S.
Da du das Geld hast, so versenke
Dich selbst in den Ankauf der Geschenke.

An Emilie
Zum 14. November 1897

Wieder kamen große Kisten
(Ausnahmsweise nur von Christen),
Wieder zu des Tages Feier
Kamen Enten, Hühner, Eier,
Kamen, treu den Traditionen,
Mandeltorten und Makronen.
Alles ohne Neugestalten
Hat im Alten sich gehalten,
Und im Stil von Wetterwendern
Sollte ich mich nur verändern?!
Nein, ich hab's damit nicht eilig,
Mir auch ist das Alte heilig,
Und wenn Wertheim auch schon stünde,
Schenken wäre doch 'ne Sünde.

Zu dieser Ausgabe

Mit 59 Jahren veröffentlichte Theodor Fontane seinen ersten Roman, *Vor dem Sturm*. Bereits vor 1878, als der Roman erschien, hatte er einige Prosawerke publiziert, seine Reiseberichte aus England, Schottland, später aus der Mark Brandenburg. Doch die Zeit seiner großen Romane sollte erst noch kommen; ab 1880 folgten geradezu Schlag auf Schlag jene Werke, von *Grete Minde* bis zum *Schach von Wuthenow*, die ihm Weltruhm eingebracht haben.

Am Anfang seiner schriftstellerischen Laufbahn aber, als er sich vom erlernten Apothekerberuf zu lösen begann, standen (neben einer frühen Novelle) Gedichte. Ihnen hat er sich sein Leben lang gewidmet; darüber hinaus spiegelt Fontanes Lyrikproduktion annähernd ein Jahrhundert in seinen literarhistorischen Dimensionen.

Begonnen hat er in den vierziger Jahren des 19. Jahrhunderts mit Poemen in der Tradition der Nachromantik und des sich ankündigenden Impressionismus, deren Motive er nie epigonal übernahm; auch seine frühen Gedichte sind selten konventionell. Stets hat er eine ganz individuelle Wendung gefunden, vorgegebene Themen ‚aufgehoben‘ in seine konkret-realistische Weltsicht. Rasch fand er, anfänglich beeinflußt auch von Heinrich Heine, von Nikolaus Lenau, Adelbert von Chamisso, von den Vormärzschriftstellern Ferdinand Freiligrath, Georg Herwegh und anderen, zu einem eigenen Ton. Zwischen Eduard Mörike, der Alltägliches umgangssprachlich in Paarreimen vorstellte, und dem Sprachzauber Theodor Storms entwickelte Fontane jenen Stil, der seine Gedichte unverwechselbar macht.

„*Wen* hast du dir auserlesen, / *Was* ist Vorbild dir gewe-

sen?", schrieb er in dem Gedicht „Die Goldene Hundert-
zehn", und weiter:

> Episch, lyrisch und dramatisch,
> Manches klingt so freiligrathisch,
> Manche wandgemalte Freske
> Streift das englisch Balladeske,
> Strachwitz, Uhland, Lenau, Kerner, –
> Selbst von Zacharias Werner
> Schmeck ich einen myst'schen Tropfen,
> Hör ich was wie Geister klopfen.
> Ach, es ist nicht herzuzählen,
> Immer war's ein andres Wählen.

An seinen Freund Georg Friedlaender notierte er am 28. Fe-
bruar 1892: „Ohne einen gewissen Zauber der Form geht es
nicht, nur kann dieser Zauber sehr verschieden sein, hie Pla-
ten, hie Bummelton, das eine, je nachdem, so schön und so
berechtigt wie das andere." Der lässige „Fontane-Ton" ist vor
allem in seinen späten Gedichten, in seinen zeitlos anmuten-
den Liedern und in der sentenzenhaften Spruchdichtung zu
spüren. Es war das Menschliche, das Persönliche, das er in sei-
nen Werken erfassen wollte und das er zugleich immer poli-
tisch und sozial dachte. Lapidare Anlässe, Geburtstage und
Familienfeste, politische Ereignisse und historische Reminis-
zenzen, waren ihm recht, so konnte der das Große als Alltäg-
liches begreifen. Seine Genrebilder, bewußt knapp und poin-
tiert, zeugen von einer außerordentlichen handwerklichen Si-
cherheit.

Auf den Einzelnen richtete sich sein Blick; das scheinbar
Nebensächliche wurde dem Menschenkenner Fontane oft
zur Hauptsache. „Das Nebensächliche, soviel ist richtig, gilt
nichts, wenn es bloß nebensächlich ist, wenn nichts drin-
steckt. Steckt aber was drin, dann ist es die Hauptsache, denn
es gibt einem dann immer das eigentlich Menschliche", heißt
es im Roman *Frau Jenny Treibel*. Von der ‚Verbindlichkeit des

Unverbindlichen', das näher am Leben sein kann als die Darstellung großer Themen, hat man gesprochen. Nicht die tragische Fallhöhe interessierte ihn an den Gegenständen, die er in seinen Balladen, angeregt durch die Beschäftigung mit historischen Stoffen und durch die Vorbilder Johann Gottfried Herder und Walter Scott, aufgriff. Er wollte die Geschichte durch die dramatische Darstellung markanter Episoden verlebendigen. „Meine Neigung und – wenn es erlaubt ist, so zu sprechen – meine Force ist die Schilderung", sagte er. Er war stets mehr als nur Causeur, er wurde zum märkischen Sänger, urteilte Thomas Mann; aber er wurde eben auch zum Sänger des Britischen, und das war in einer Zeit des wachsenden Nationalismus keine geringe Leistung.

Seine Ballade „Das Trauerspiel von Afghanistan" kennzeichnet einen neuen Abschnitt seiner Werkbiographie, sie steht am Ende der historischen Balladen vor dem Übergang zu Stoffen der Gegenwart. Als Nachfahre hugenottischer Einwanderer fühlte sich Fontane im preußischen Berlin heimisch und fremd zugleich, nie ganz Zuhause. Seine ausgedehnten Wanderungen durch die Mark Brandenburg zeugen nicht nur von hoher Beschreibungskunst, mit der er das Land und seine Mentalität erfassen wollte, sondern auch vom Wunsch, die Region als Heimat zu verstehen. Hier galt seine Aufmerksamkeit dem Besonderen der Orte, der Ereignisse und Figuren. In seinen märkischen Balladen wird die Sprache einfacher und knapper, mit Alltagswendungen durchsetzt, gerichtet auch gegen jene sich immer bedeutender vorkommenden Parvenüs im Zweiten Kaiserreich.

Fontane unternahm keine literarischen Experimente; die Form seiner Gedichte stand nicht im Vordergrund, wichtiger als formschöpferische Gestaltungselemente waren ihm die Unmittelbarkeit und Deutlichkeit der Aussage. „Erwägen Sie", fragte er einen Freund brieflich, „wie viele Felder hat die Poesie und wie wenige bebau' ich? Sprech' ich vom Formellen, so finden Sie keine Hexameter, keine Oden- und Hymnenstrophen, keine Sonette, Terzinen und Ottaven, keine spanischen Trochäen, keine Ghaselen, keine Makamen und hundert andere Spielereien (Ritornell, Triolett, Malaisches u.s.w.) zu geschweigen." Der ‚hohe Ton‘ war ihm fremd. In Knittelversen und in vorgeblich naiven Spruchgedichten, in der vermeintlichen Schlichtheit seiner Gedichte gelang es ihm, über Mensch und Gesellschaft weise Einsichten auszusprechen, mit verhaltener Ironie, mit resignativem Humor und in einem beiläufig wirkenden Plauderton. Der Reiz seiner Romane beruht nicht zuletzt auf seiner Fähigkeit, Dialoge zu gestalten, und auch seine Gedichte sind oft dialogisch angelegt.

Ein tiefes Verständnis für die Schwächen der Menschen, für ihre Verwicklungen, ihre Niederlagen und ihre Glückssuche und in jedem Fall ein umfassendes Mitgefühl grundieren seine Werke. „Denn ohne Lieb und ohne Lust ist nichts in der Welt", heißt im Roman *L'Adultera*. Abgerungen hat Fontane seinem Leben ein heiteres Darüberstehen, das nicht Weltflucht ist, sondern immer erneut Lebensmut hervorbringt.

Die vorliegende Ausgabe enthält Gedichte aus allen Schaffensperioden Fontanes, nach seiner eigenen Rubrizierung zusammengestellt in „Lieder und Sprüche", „Bilder bzw. Lieder und Balladen" (Nordisches, Englisch-Schottisches und Märkisch-Preußisches) sowie Gelegenheitsgedichte aus der von ihm selbst zusammengestellten Ausgabe von 1898, dazu Gedichte, die Fontane nicht für diese ‚Ausgabe letzter Hand‘ vorgesehen hatte, ferner Einzelpublikationen aus Zeitungen und Zeitschriften und schließlich Gedichte aus dem Nachlaß. Die separate Gruppe mit Gedichten an seine Frau Emilie, die seine Entscheidung für eine schriftstellerische Existenz nicht immer gutgeheißen hat, stellt fast eine kleine Ehegeschichte dar; im Auf und Ab der Zeiten werden gleichwohl eine über die Jahrzehnte unverbrüchliche Liebe und Treue sichtbar.

Die Textfassungen folgen den Originalausgaben, unter behutsamer Modernisierung von Orthographie und Interpunktion; Lautstand und besondere Schreibweisen blieben erhalten. Gelegentlich wurde nach der ‚Großen Brandenburger

Ausgabe' (1989/95) redigiert. Innerhalb der Abschnitte sind die Texte jeweils chronologisch nach Entstehungsdaten, soweit bekannt, angeordnet. Das ermöglicht eine Lektüre auch in werkbiographischer Abfolge, die Fontanes Lebensstationen, seine politischen Auffassungen ebenso zeigt wie seine literarische Entwicklung, die Hinwendung zu neuen Stoffen und Motiven und gleichermaßen das für ihn unverlierbare Interesse am Menschlichen, die Einsicht in die Paradoxien des Lebens und die Suche nach dem Glück.

Hans-Joachim Simm

Alphabetisches Verzeichnis der Gedichtüberschriften und -Anfänge

Gedichtüberschriften sind kursiv gesetzt, Anfangszeilen gerade.